KB234208

열한 번째 왕관

열한 번째 왕관

초판 1쇄 인쇄 2013년 8월 15일
초판 1쇄 발행 2013년 8월 20일

지은이 예영숙 | **펴낸이** 신경렬 | **펴낸곳** (주)더난콘텐츠그룹

상무 강용구 | **기획편집부** 차재호 · 민기범 · 성효영 · 윤현주 · 서유미 | **디자인** 서은영 · 박현정
마케팅 김대두 · 견진수 · 홍영기 · 서영호 | **교육기획** 함승현 · 양인종 · 지승희 · 이선미 · 이소정
디지털콘텐츠 최정원 · 박진혜 | **관리** 김태희 | **제작** 유수경 | **물류** 김양천 · 박진철
책임편집 추지영

출판등록 2011년 6월 2일 제25100-2011-158호 | **주소** 121-840 서울시 마포구 서교동 395-137
전화 (02)325-2525 | **팩스** (02)325-9007
이메일 book@thenanbiz.com | **홈페이지** http://www.thenanbiz.com
ISBN 978-89-8405-734-0 03320

열한 번째 왕관

255억의 신화 뒤에 숨겨진
결코 식지 않는 열정의 비밀

예영숙 지음

더난출판

예영숙 명예전무는 매사를 치밀하고 냉철하게 생각하고 정확하게 판단한 후에 한번 마음먹은 것은 반드시 실행에 옮기는, 프로로서 최고의 강점을 지녔다.

그랜드챔피언 10연패 이후 4년 만에 다시 연도상에 도전한다는 얘기를 들었을 때 나는 그녀가 또 한 번 세상을 놀라게 할 준비가 되었구나 하고 생각했다. 반갑게도 나의 예감은 정확히 들어맞았다.

2013년 그녀는 고객이 있는 현장으로 당당하게 복귀해 열한 번째 그랜드챔피언의 위업을 달성했다.

겉으로 보면 대한민국의 여느 주부와 다를 바 없는 그녀가 가진 끊임없는 에너지의 원천은 무엇일까?

나는 그 해답을 《열한 번째 왕관》에서 찾았다.

이 책에는 현대인들에게 성공적인 삶의 지혜와 원칙을 깨우쳐주는 40개의 이야기가 들어 있다.

일에 대한 구체적인 목표를 세우고 실행하는 방법, 자신의 목표에 맞춰 돈을 관리하고 독립적인 인생을 설계하는 노하우, 인간관계와 소통의 문제에 이르기까지 그녀가 현장에서 갈고닦은 보석 같은 체험들이 진솔하게 담긴 책을 통해 하루를 25시간처럼 사용하며 미래를 준비하는 진정한 프로의 모습을 발견할 수 있다.

내가 아는 예영숙 전무는 고객을 가족처럼 아끼고 사랑하는 사람이다. 사람은 그녀에게 최고의 자산이며 강인한 에너지의 원천이다.

보험은 사랑이 전제되지 않으면 성립할 수 없는 본질을 가지고 있다. 보험업의 본질을 정확하게 이해하고 고객을 대하며 현장을 누비고 다니는 그녀의 모습에서 보험업을 하고 있는 CEO의 한 사람으로서 큰 비전과 희망을 본다.

《열한 번째 왕관》과 함께 다시 새로운 도전에 나선 그녀의 지칠 줄 모르는 열정에 진심 어린 박수를 보내고, 고객과 함께하는 모든 분들, 경영을 책임지고 있는 모든 CEO에게 일독을 권한다.

박근희 삼성생명 대표이사 부회장

추천사

예영숙 명예전무는 한 번 달성하기도 어려운 보험왕 자리를 10년 연속 지켜낸, 업계에서는 전설과도 같은 인물이다.

한동안 소속 회사의 퇴직연금 홍보대사를 맡아 대외 업무에 매진하나 싶더니, 그녀가 현장으로 돌아가 올해 다시 전사 그랜드 챔피언 자리에 올랐다는 반가운 소식을 들었다.

그녀는 고객을 직접 마주하는 비즈니스의 최전방에서 '섬김의 철학'으로 최고의 실적을 거두어온 사람으로 잘 알려져 있다. 그리고 이 책은 설득보다는 감동을, 상품보다는 신뢰를 우선시하는 그녀가 지금의 자리에 오르기까지 겪었던 도전과 성취에 대한 영예로운 기록이다.

이 책은 '어떻게 하면 좋은 실적을 올릴 수 있는가?' 하는 노하우에 관한 것이 아니다. 그녀의 사연들은 모두가 알고 있지만 쉽게 잊고 있었던 성실과 겸손의 가치에 대한 실천적 고백에 가깝다.

국가 경제의 성장은 늘 비즈니스 현장에서 한 사람 한 사람이 일구어온 미시적 성취들에 의해 이루어져왔다. 저(低)성장의 피로감이 사회에 만연한 지금, '일'에 대한 열정을 다시 말하고 나선 그녀가 유독 반갑다.

현장의 사원들뿐만 아니라 최고경영자에 이르기까지 초심에 대한 그리움이 있는 누구에게나 일독(一讀)을 권하는 이유다.

《열한 번째 왕관》으로 또다시 새로운 도전에 나선 그녀의 열정에 아낌없는 찬사를 보낸다.

정기영 삼성경제연구소 대표이사 사장

열한 번째 열정 이야기

내 인생에서 가장 치열했던 20년은 한 조각의 후회도 없는 열정의 순간들이었다. 지금도 나의 심장은 현장에서 더욱 뜨겁게 뛴다.

처음 이 일을 시작할 당시 내가 가진 거라고는 인생을 긍정적으로 바라보는 마음뿐이었다. 어쩌면 서른네 살의 두 아이 엄마는 세상을 잘 몰라서 그토록 용감했는지 모른다.

일을 사랑하는 열정 하나로 달리다 보니 어느 순간 나는 마치 보험영업의 상징처럼 되었다. 돌이켜보면 감동적인 순간도 많았고 더러는 아픈 날도 있었다. 그런 모든 기억들 가운데 지금 이 순간까지 나를 가장 설레게 하는 것은 회사에 가고 싶어 밤잠을 설치던 입사 초년생 시절이다.

하나씩 하나씩 나의 비전을 실행에 옮기고 목표에 도달할 때마다 느꼈던 가슴 벅찬 희열이 없었다면 20년을 한결같이 버티기 어려웠을 것이다.

《열한 번째 왕관》은 새로운 10년에 도전하는 첫 왕관이다. 그래서 나에게는 더욱 의미 있는 일이기도 하다.

일을 통해 만난 수많은 사람들이 오늘의 나를 있게 했다. 소중한 만남에 조금이나마 보답하기 위해서라도 나는 다시 원래의 내 자리로 돌아오고 싶었다. 그리고 변함없는 격려와 사랑을 확인하는 순간 뜨거운 눈물이 흘렀다.

어떤 사람을 처음 만났을 때 열정이 느껴지면 나에게는 그것이 또 다른 에너지가 된다. 나 또한 그렇게 누군가에게 에너지가 되고 싶었다. 그리하여 이제 더 많은 사람들이 기회를 가질 수 있기를 바라는 마음으로 용기를 내서 나의 모든 경험과 깨달음을 이 한 권에 담았다.

책을 출간하기까지 도움을 준 고마운 분들이 너무 많다. 나를 아껴주는 많은 분들의 진심 어린 충고와 격려가 없었다면 선뜻 용기를 내기 어려웠을 것이다.

받은 것이 너무 많아 어떻게 갚아야 할지 생각하면 걱정이 앞선다. 무엇보다 감사하는 마음을 영원히 잊지 않고 간직할 수 있도록 가슴에 새긴다.

　　나의《열한 번째 왕관》을 그 모든 분들과 사랑하는 가족, 그리고 독자들에게 바친다.

성하의 계절 사무실에서

상대의 심장을 흔들어라

상대가 찾기 전에 내가 먼저 찾아간다

고객을 줄 세워라

굳이 '노'라고 말하려 애쓰지 마라

움직이는 마음을 붙잡아라

목표에 한계치란 없다

적어라, 성공의 맥이 살아날지니

익숙한 과거와 결별하라

당신의 꿈이 나의 비전이다

상대가 찾기 전에 내가 먼저 찾아간다

"도대체 일을 어떻게 하기에 이런 말이 나와?"

이 일을 처음 시작했을 때 남편으로부터 들었던 말이다. 결혼하고 줄곧 회사 사택에 살았기 때문에 내 고객 중에는 한국전력공사 직원 가족들이 많았다. 그 탓에 남편은 종종 애꿎은 항의 전화를 받곤 했다. 고객들이 나와 연락이 닿지 않으면 그쪽으로 전화를 했던 것이다.

"보험회사 다니면 얼굴에 철판을 깔아야 한다던데 왜 하필 그런 일을 하려는 거야?"

남편뿐만 아니라 주변의 모든 사람들이 극구 반대했지만 내가 고집을 피워 선택한 일이었다. 그래서 가족들에게 피해가 가면 당장 그만두겠다고 스스로 다짐하기도 했다.

'정도 영업'이라는 당찬 슬로건을 내걸고 일을 시작했으나 처음부터 난관에 부딪히니 눈앞이 캄캄했다. 나름 잘한다고 해도 엉뚱한 곳에서 문제가 터지면 방법이 없었다. 가령 보험에 가입한 지 사흘도 못 되어 남편에게 전화해 증권이 도착하지 않았다고 항의하는 사람도 있었다. 절차상 당연한 일이라도 고객이 이해를 못 하면 불평이 나오게 마련이었다.

'어떻게 하면 그들이 남편에게 전화하지 않을까?'

고민에 빠져 있던 어느 날 문득 이런 생각이 들었다. 청약 과정을 잘 몰라서든 이해가 부족해서든 묻는 사람에게는 나름대로 이유가 있을 것이다. 나 역시 궁금한 게 있을 때 담당자와 연락이 닿지 않으면 은근히 화가 났다. 입장을 바꿔보니 내 잘못이 아주 없는 건 아니었다. 처음부터 고객을 완벽하게 이해시키지 못했거나 사후 관리가 부족했던 탓이다.

보험에 대해 긍정적이지 않았던 당시에는 담당자들이 고객을 확보하기 위해 편법을 동원하는 경우도 간혹 있었다. 회사 규정상 계약이 가능한 조건인지 제대로 알아보지도 않고 일단 돈부터 받았다가 나중에 증권이 나오지 않아 고객과 마찰을 빚기도 했다.

일을 그만두지 않으려면 문제의 소지를 원천적으로 차단하는 것만이 최선이었다.

다음 날부터 시간 날 때마다 사택을 한 바퀴씩 돌며 지인 고객들과 대화하는 시간을 가졌다. 가입한 상품에 대해 설명하고 진행 상황을 세세하게 알려주자 고객들이 남편에게 전화하는 횟수가 현저히 줄어들었다.

이후로는 문제가 있든 없든 내가 먼저 고객을 찾아가는 게 습관이 되었다.

사람들은 자신이 소비자일 때는 조금 이기적인 모습을 드러내곤 한다. 소비자는 물건을 살 당시에는 상품에 대해 제대로 알아야 할 필요를 느끼지 못하고 판매자의 설명을 소홀히 듣는다. 그러나 뭔가 문제가 생기면 왜 그때 자세히 알려주지 않았느냐고 판매자에게 책임을 묻는다.

그러므로 판매자는 항상 고객이 구매권을 가진 동시에 판매자와 상품에 대해 일방적인 평가를 내릴 수 있는 평판권과 소문권도 함께 가진 존재라는 것을 인식하고 마음을 다스리는 지혜가 필요하다. 사소한 의문이 불만 요소로 자리 잡는 순간 상품에 대한 신뢰도가 떨어지는 것은 물론 부정적인 이미지가 전달될 수 있다는 점을 늘 염두에 두어야 한다.

한번은 어떤 여성 고객이 전화로 심하게 항의한 적이 있다. 서류만 보면 확인할 수 있는 사실을 가지고 무슨 큰 잘못이라도 한 듯 인신공격까지 퍼부었다. 오해하고 있는 것 같아 차분하게 설명하려 해도 막무가내였다.

"보험왕이라고 들었는데 그렇게 하면 안 되지요. 그렇지 않나요?"

그렇게 한참 언성을 높이던 상대는 화를 내며 일방적으로 전화를 끊었다.

그리고 며칠 뒤 그 여성 고객에게 다시 전화가 걸려왔다.

"알아보니까 내가 큰 실수를 했네요. 용기가 없어 많이 망설였는데 그냥 넘어가기 너무 미안해서요."

그녀는 나에게 진심으로 사과했다.

그때 내가 잘 알아보지도 않고 어떻게 그런 심한 말을 하느냐고 따지기라도 했다면 우리의 관계는 거기서 끝났을 것이다. 내가 끝까지 참고 이야기를 들어준 것에 뒤늦게나마 미안함과 고마움을 느꼈다는 그녀는 현재 나의 고객 리스트에 올라 있는 3천여 명의 고객 중 한 사람이다.

비즈니스에 성공하려면 억울한 일이 생겨도 상대방을 탓하기 전에 자기 마음부터 다스릴 줄 알아야 한다. 오늘 화를 참고 지나가는 사람만이 나중에 웃을 수 있다. 진실은 언젠가 거품이 빠지듯이 드러나기 마련이다.

이미지는 힘이 세다

"난 인상 좋은 사람이 제일 부럽더라."

언젠가 한 지인이 이런 말을 했다.

그 말을 듣는 순간 입사 후 첫 사례 발표를 준비하던 때가 떠올랐다. 발표할 내용을 원고에 적은 뒤 미리 연습을 해보려고 거울 앞에 섰을 때 내 얼굴을 보고 당황스러웠던 기억이 아직도 생생하다. 내 표정이 굳어 있다는 걸 그때 처음 알았다. 웃어도 자연스럽지 않았다.

요즘은 가장 많이 듣는 칭찬이 인상 좋다는 말이지만 지금의 내 모습도 어쩌면 노력에 의해 만들어진 것이다. 얼굴은 타고나지만 인상은 가꾸기 나름이다.

어떻게 하면 좋은 이미지를 연출할 수 있을까?

억지로 웃는 모습을 연출한다고 이미지가 좋아지는 건 아니다. 머릿속이 복잡하거나 몸 상태가 좋지 않으면 어쩔 수 없이 표정에 드러나게 마련이다. 내 속이 쓰린데 남 앞에서 마냥 웃고 있을 수는 없다.

나는 항상 최고의 컨디션을 갖추고 업무를 시작한다.

프로는 전문성뿐 아니라 이미지도 갖춰야 한다. 한순간도 지친 모습을 보여서는 안 된다. 상품을 광고하기에 앞서 자신을 어 필하고 무엇보다 상대의 호감을 얻어야 한다. 그렇지 않고 무언가 를 판매하기란 불가능하다. 호감 가지 않는 상대가 권하는 상품 을 누가 사려고 하겠는가?

반듯한 외모는 자신을 어필하는 데 가장 기본적인 조건이 다. 비싼 옷으로 요란하게 치장하라는 말이 아니다. 현재 마주하고 있는 고객에게 자신이 최고의 전문가로 보일 수 있도록 이미지를 연출하라는 말이다.

철저한 자기 관리는 자신의 능력을 강화하고 상품성을 높이 는 지름길이다. 특히 보험처럼 무형의 상품을 판매하는 경우 고객 은 대부분 담당자를 통해 상품의 가치를 판단한다. 판매자가 어떤 이미지를 가졌고 어떤 행동을 보여주느냐에 따라 고객의 마음이 열리기도 하고 닫히기도 한다.

보험왕이 되기 전 실적이 좋지 않았을 때도 나는 최소한 하 루에 한두 번은 옷을 갈아입었다. 때와 장소에 맞는 옷차림은 상대 방에 대한 예의라고 생각했기 때문이다. 일을 하다 보면 경조사가 겹치는 경우도 종종 있다. 결혼식에 갔던 옷차림으로 장례식에 갈 수는 없는 일이다.

조금만 더 신경 써서 격식에 맞는 옷차림을 갖춘다면 상대 가 나를 대하는 태도도 달라진다. 남에게 좋은 이미지를 남기려면 작은 것 하나도 배려할 줄 아는 마음 자세가 중요하다.

좋은 이미지를 망치는 건 무신경과 게으름이다.

한번 구겨진 이미지는 좀처럼 회복하기 어렵다는 걸 기억해야 한다. 프로에게 변명은 용납되지 않는다. 그 순간 만나는 상대에게 최선을 다하는 사람이 진정한 프로다.

고객을 줄 세워라

"왕진은 반드시 병원 업무가 끝난 뒤에 오도록 해라."

"내 집에 오면 밥부터 먼저 드시게 해라."

"나 때문에 수고한 이들을 빈손으로 돌려보내지 마라."

이병철 회장이 살아생전 주위 사람들에게 당부했던 말이다.

업무를 마치고 급히 달려간 의료진이 식사를 하고 왔다고 둘러대도 그분은 믿으려고 하지 않았다. 환자들 돌보기도 바쁜데 언제 밥 챙겨 먹을 시간이 있었겠냐는 것이다. 자기 몸이 아무리 불편해도 진료보다 의료진에게 식사를 먼저 대접하려는 그분의 고집을 꺾을 사람은 아무도 없었다.

그래서 간혹 식사를 하고 간 의사나 간호사도 밥을 한 번 더 먹어야 할 때도 있었다고 한다. 진료 후에 이 회장은 한 사람 한 사람에게 고맙다는 인사를 전하고 제일모직에서 만든 옷감을 선물하는 것도 잊지 않았다.

당시 경북대학교병원 내과 과장으로 있었던 한 젊은 의사에게 이때의 경험은 평생의 감동으로 남았다.

"병원에 급한 환자가 들이닥치면 식사를 거르기 일쑤였고 그 상태로 왕진을 가게 됩니다. 그런 우리에게 그분은 밥부터 먼저 챙겨주십니다. 늘 한결같이 마음 써주는 모습을 보면 누구라도 감동할 수밖에 없지 않겠습니까?"

창업주의 인품에 매료되어 그는 삼성 마니아가 됐다고 한다.

비즈니스에서는 누군가에게 감동을 선사하면 기적처럼 자신도 모르는 새로운 인맥이 형성된다.

어느 날 회사에서 연락이 왔다.

"개인병원 원장님이 보험 상담을 요청하면서 삼성생명 사원 중에 일 처리가 가장 정확한 사람을 보내달라고 합니다."

그런 인연으로 찾아간 나에게 삼성 가족이라는 이유만으로 자산 관리를 위임하는 파격적인 호의를 베풀어준 개인병원 원장님이 바로 이병철 회장에게 왕진을 갔던 그 내과 과장이었다.

수양산 그늘이 80리를 간다고 했던가.

그 무렵 나는 마침 VIP 마케팅을 시도하고 있었다. 나의 고객이 된 그 원장님은 자신의 지인들을 적극 소개해주며 용기를 북돋워주었다. 명망 높은 지도층 인사들도 그분의 권유로 흔쾌히 나의 고객이 되어주었다. 오래전 이병철 회장의 작은 배려가 돌고 돌아서 결국 나에게까지 큰 힘이 되어준 것이다.

VIP 마케팅을 본격적으로 시도한 것은 외환위기 이후 달라진 경제 환경과도 밀접한 관련이 있다. 이 시기 부자들은 엄청난 혼란을 겪었다. 내 주변에도 돈을 불리겠다며 무조건 부동산에 투자하는 친구가 있었다. 그 역시 돈은 땅에 묻어두는 게 가장 안전하다고 믿는 사람들 중 하나였다. 부동산 불패 신화가 깨지기 전까지 이 선택은 어느 정도 유효한 듯 보였다.

"땅도 있고 빌딩도 여러 채 가진 부자니까 밥값은 네가 낼 거지?"

"좀 기다려. 하나 팔리면……."

"기다리긴 뭘 기다려? 팔리면 또 빚내서 땅 사고 빌딩 살 거 잖아."

모임에서 친구들을 만나면 가끔 이런 말들이 나오곤 했다. 경기가 떨어질 대로 떨어져 부동산을 많이 갖고 있어도 현금 동원력이 부족한 사람들이 고전을 면치 못하던 때였다.

시대의 흐름을 감지하지 못하면 큰 재산을 가진 사람들도 한순간에 심각한 유동성 위기에 직면할 수 있는 게 현실이다.

외환위기 이전 우리의 자산 관리 시스템은 선진국과 정반대 구조를 가지고 있었다. 그 당시 우리는 자산의 80퍼센트 이상을 부동산에 투자하고, 또한 매입 비용의 상당 부분을 대출로 충당하는 경우가 많았다. 그러나 선진국의 경우 금융자산 선호도가 70~80퍼센트에 이르렀다.

'우리도 언젠가는 선진국 시스템을 따라가겠구나!'

아침 뉴스를 보다가 번득 스치는 생각이었다.

여유 있다는 사람들 얘기를 들어보면 대개 부동산을 6~7개쯤 소유하고 있었다. 그중에는 투자가치가 있는 것도 있지만 그렇지 못한 경우도 있었다.

그들을 상대로 나만의 차별화된 아이템을 구상하면 승산이 있을 거라는 확신이 들었다. 이때부터 나는 열심히 금융, 세무, 회계, 법률 서적 등을 탐독하고 관련 자료와 정보를 모으기 시작했다.

역발상으로 부자들의 지갑을 열다

금융을 조금 이해하고 나니 땅이나 건물에 비중을 두고 투자한 사람들도 새로운 포트폴리오를 통해 자산을 안정적으로 관리할 수 있겠다는 확신이 더욱 강해졌다. VIP 마케팅의 핵심은 보유 가치가 없는 부동산 자산의 위험 요소를 최대한 없애고, 단기, 중기, 장기별 자금 운용 계획을 제시해주는 것이다.

즉석에서 그림으로 그려 보여줄 수 있을 만큼 나름대로 완벽한 프로그램 설계를 마친 뒤 나는 비로소 새로운 세상에 눈을 떴다. 원리를 알고 나니 시장은 물 반, 고기 반이나 마찬가지였다. 여유 있는 사람들을 만나기만 하면 설득할 수 있겠다는 자신감이 생겼다.

그러던 어느 날 가까운 은행에 세금을 내러 갔다가 창구 앞에 사람들이 북적거리는 것을 보고 한편으로는 은행 직원이 부럽다는 생각이 들었다. 직업상 고객을 찾아다녀야 하는 나와는 달리 그들은 고객을 줄 세워놓고 창구에서 편안하게 업무를 보고 있었던 것이다. 이 제안이 관심을 끌면 나도 보험 상담을 하면서 사람들을 줄 서게 할 수 있을까? 순서를 기다리는 동안 머릿속으로 달콤한 상상의 나래가 펼쳐졌다.

금융의 VIP들은 어떤 모습일까? 마침 그때 복잡한 창구를 유유히 지나쳐 곧장 지점장실로 들어가는 한 노신사가 눈에 띄었다.

'저분이 나에게 상담을 받으면 용건이 처리되는 동안 차 한 잔 대접받는 정도가 아니라 자산 관리에 관한 여러 문제를 속 시원

히 해결해줄 수 있을 텐데……'

나는 그 노신사를 보면서 이런 생각을 했다. 그러나 당시의 내 인맥으로는 큰 고객을 직접 만나기도 어려웠을뿐더러 주변의 소개를 받기도 쉽지 않았다.

누구라도 사람을 소개하는 데는 조심스러울 수밖에 없다. 혹시 경제적으로 여유 있는 친구가 있느냐고 물어보면 대부분 고개를 저었다. 돈은 많은데 보험이라면 무조건 싫어한다는 것이다. 고민 끝에 택한 방법이 역발상 전략이었다.

"주변에 보험은 싫어하는데 돈은 많은 사람 혹시 있습니까?"

"물론 있지요."

질문을 바꾸자 '예'라는 대답이 돌아왔다.

기껏 소개해주었는데 일이 잘되지 않으면 서로 난처해질까 싶어 꺼리던 이들도 보험을 싫어하는 사람을 소개해달라는 말에는 크게 부담을 가지지 않았다. 처음부터 기대하지 않을 거라는 생각을 했을 터였다.

부자는 쉽게 지갑을 열지 않는다. 그들은 돈 씀씀이가 무척 꼼꼼하고 치밀하다. 10원짜리 하나도 함부로 쓰지 않는 반면 좋은 일에는 선뜻 큰돈을 내놓기도 하는 사람들이다.

특히 부자들 곁에는 변호사, 세무사, 회계사 등 여러 전문가들이 포진해 있었는데, 마지막으로 내가 상대해야 할 사람들은 바로 이 전문가 집단이었다.

절차가 까다로운 만큼 남보다 몇 배 더 많은 노력이 필요해도 상품의 금전적 가치로 치자면 일당백의 효과를 얻을 수 있는 것이 VIP 마케팅의 매력이다. 신뢰가 쌓이면 영향력 있는 또 하나의 고급 인맥이 생기는 장점도 있다.

나는 40~50명이 함께 근무하는 지점 사무실에서 오전에 두세 명, 오후에 서너 명 정도 약속을 잡았다.

누구보다 부지런한 고객들은 늘 약속 시간보다 30분 일찍 나타나곤 했다. 그렇게 일찍 와서 궁금한 게 있으면 몇 번이고 묻고 또 물었다. 완전히 이해하고 돌아갔다 싶었는데 나중에 그들이 거느리고 있는 전문가 집단으로부터 또 전화가 걸려왔다.

한 명의 VIP가 내 고객이 되기까지는 넘어야 할 산이 많았으나 나는 그들의 의문을 풀어주기 위한 모든 준비가 되어 있었다.

내가 설계한 제안서가 인기를 끌자 사무실에는 예기치 않던 진풍경이 벌어졌다. 계약을 앞둔 VIP 고객들이 나와 상담하기 위해 직원들의 빈자리를 이리저리 옮겨 다니는 것을 보고 입소문이 나기 시작했다.

"예영숙한테 보험 들려고 사람들이 줄을 섰다."

이때부터 주위 사람들은 내가 고객을 기다리는 것이 아니라 고객이 나를 기다린다고 놀리기도 했다. 더불어 스스로 즐기면서 일할 정도로 성과에 탄력이 붙었다. 말 그대로 불에 기름을 부은 격이었다. 회사가 나에게 별도의 사무실을 마련해준 것도 바로 이 무렵이었다.

나는 이때의 경험을 통해 사업하는 사람들이 어려움을 겪다가도 금방 일어나는 원리를 알 것 같았다. 고객이 원하는 바를 정확히 알고 모든 준비를 철저히 하면 사업은 잘될 수밖에 없는 것이다.

비즈니스에서 불가능은 없다. 남보다 앞선 정보를 가지고 고객의 마음에 한발 다가서는 순간 성공의 문이 열린다.

굳이 '노'라고 말하려
애쓰지 마라

"다른 분들은 다 괜찮다고 하는데 왜 손님만 짜다고 하세요?"

"짜다면 짠 거지 무슨 말이 그렇게 많아요?"

냉면집 주인이 음식 타박을 하는 손님과 실랑이를 벌이고 있었다. 내 입에도 음식이 짠 것 같지는 않았다. 식당에 있던 다른 손님들의 눈길이 일제히 두 사람을 향했다. 그 손님의 항의에 동조하는 사람은 아무도 없는 듯했다. 일행 중 한 명은 음식이 짜기는커녕 오히려 약간 싱거운 편이라고 했다. 주인이 억울할 만도 했다.

"짠 음식 몸에 안 좋은 거 다 아는데 짜게 만들 리 있겠습니까? 그리고 우리 식당 음식은 전부 사장인 제가 직접 간을 보고 내오는 것들입니다."

"쳇! 그러니 맛이 이 모양이지……."

나중에 그는 손님을 응대하는 사장의 태도가 더 큰 문제라는 지적도 했다.

주인은 그 상황에서도 제법 논리정연하게 항변했지만 손님은 두 번 다시 오지 않겠다고 화를 내며 식당을 나갔다. 일행과 함께 식사를 마치고 나오다 보니 식당 이름이 '맛집'이었다.

안됐지만 이 식당은 머지않아 손님이 크게 줄어들지도 모른다는 생각이 들었다. 기분이 상한 건 방금 나간 손님 한 사람뿐이지만 이 냉면집 주인은 적어도 수십 명의 고객을 놓친 것이나 마찬가지다.

사람들은 광고는 덜 믿는 경우도 있지만 같은 소비자의 말은 믿는다. 자칫 좋지 않은 입소문이라도 나면 생각지도 못한 난처한 상황에 처할 수도 있는 것이다.

입맛에는 기준이 없다. 손님이 짜다고 하면 짠 거다. 짜지 않은 음식을 짜다고 하는 건 그 사람의 입맛에 맞지 않기 때문이다. 좋은 말로 응대하고 손님이 원하는 대로 음식을 새로 만들어 제공하면 아무리 까다로운 손님도 마음이 풀어지게 마련이다. 더 이상 논쟁도 필요 없다.

인내는 길들여진 열정이라는 말이 있다. 자신의 일에 열정을 다하는 사람은 쉽게 흥분하지 않는다. 비즈니스에서 흥분은 절대 금물이다. 상대와 싸워서 얻는 건 상처뿐이다. 쓸데없는 언쟁으로 시간을 허비하기보다는 냉면을 한 그릇이라도 더 파는 게 식당 주인으로서 가져야 할 자세다.

지금은 고객 중심 시대다. 이 시대의 고객은 어떤 경우에도 기분을 상하게 해서는 안 되는 대상이다. 콩을 팥이라고 우겨도 틀렸다고 말하기보다 오히려 상대의 마음이 상하지 않도록 유의하는 것이 우선이다.

오류를 바로잡을 수 있는 1백 가지 증거를 갖고 있어도 면전에서 그 사실을 증명해 보일 필요는 없다. '노'라고 말하는 순간 비즈니스는 실패로 끝난다. 틀린 걸 옳다고 우기는 상대와 맞장구를 치라는 얘기가 아니다. 그 상황에서도 분위기를 좋게 이끌어갈 수 있는 방법은 얼마든지 있다.

"네, 다시 확인해보겠습니다."

이것은 상대의 기분을 상하지 않게 하면서 언쟁을 피할 시간을 벌 수 있는 화법이다. 아니라고 말하는 대신 일단 이해하려는 척만 해도 상대는 자신을 돌아볼 여유를 찾게 된다.

말이 끝나자마자 논리로 오류나 잘못을 지적하거나 시정하려 들면 대부분 기분이 상한다. 비판이나 지적은 옳은 말이라도 어쩔 수 없이 따가운 구석이 있게 마련이다. 선의의 말이라도 상처를 준다면 차라리 하지 않는 것이 낫다. 완전히 신뢰가 쌓이지 않은 상대에게는 좋은 말도 상황에 따라 가려서 하는 센스가 필요하다.

사람들은 자신이 저지른 실수를 깨닫는 순간 자책을 하면서도 남이 그것을 꼬집어 말하는 것을 좋아하지 않는다. 스스로 양심의 가책을 느끼고 뉘우치는 사람도 누군가 잘못을 지적하면 서운하게 마련이다. 이럴 때일수록 비판이나 지적은 반성보다 반발심을 불러일으키기 더 쉽다.

'내 말에 상대의 마음이 상하지 않았을까?' 신나고 즐겁게 사람들을 만나면서 내가 늘 성찰하고 고민하는 것도 이 부분이다.

돌직구는 믿을 수 있는 상대에게 던져라

물론 직설화법이 필요한 때도 있지만 신뢰가 쌓인 상대에게 해야 한다. 나는 진심으로 아끼는 후배를 야단칠 때 종종 직설적으로 말하곤 한다. 상대방이 정확하게 문제를 직시하려면 심장이 떨리도록 충격을 줘야 하기 때문이다.

비판에도 기술이 있다. 능력 있고 똑똑한 사람이 사회생활에서 두각을 나타내지 못하거나 사업적으로 성공하지 못하는 경우를 보면 대부분 비판의 기술이 부족하기 때문이라는 생각이 들 때가 많다. 부정적인 말일수록 융통성 있게 해야 한다.

비판을 잘못하면 인신공격이 되고 지적을 잘못하면 훈계가 된다. 말실수를 하지 않으려면 때와 장소를 가릴 줄 아는 지혜가 필요하다.

되도록 말을 적게 하는 것도 실수를 줄이는 좋은 방법 중 하나다. 어색한 분위기를 깨보겠다고 이말 저말 하다 보면 엉뚱한 얘기로 상대의 마음을 상하게 하거나 실없는 사람으로 오해받기 쉽다.

아끼는 마음으로 하는 말이라도 정중하게 예의를 갖춰야 하는 상황에서의 어설픈 직설화법은 경솔하거나 건방지다는 오해를 불러일으킬 수도 있다.

그러나 결과적으로 직설화법은 정의로운 성격을 갖는다. 상대를 배려하는 마음을 바탕에 깔고 던지는 직구는 믿음을 더해주기도 한다. 나도 가끔은 겉과 속이 다른 말로 불필요한 기대감을 심어주기보다는 명확한 의사 표현이 바람직하겠다고 생각해 남들이 차마 하지 못하는 얘기를 꺼낼 때도 있다. 그러나 이때는 반드시 상대에 대한 믿음이 전제되어야 한다.

말 한 마디로 천 냥 빚을 갚을 수도 있지만 그 반대의 경우가 더 많음을 늘 기억해야 한다. 중국 속담에도 "말에 인색하기를 돈에 인색하듯 하라”는 말이 있다. 옳은 말이라도 지혜롭게 가려 쓰지 않으면 화근이 될 수 있다.

움직이는 마음을 붙잡아라

한 남자가 자신이 욕조에 들어갔을 때 물이 넘치는 것을 보고 환호성을 지르며 벌거벗은 채 목욕탕을 뛰쳐나와 질주하기 시작했다. 이날 이후 고대 수학의 새 지평이 열렸다. 그가 바로 인류 역사상 가장 위대한 수학자 중 한 사람인 아르키메데스다.

평범한 일상의 사건이 한 사람의 영혼을 두드리는 순간 기적은 시작된다. 사람들은 그것을 신이 내린 축복이라 부르기도 한다.

아르키메데스의 발견은 과연 신이 내린 축복일까?

그 당시는 물론 그 이전에도 아르키메데스처럼 벌거벗고 탕

속에 앉아 있었던 사람들은 무수히 많았다. 그러나 욕조의 물이 넘치는 것을 보고 부력(浮力)의 원리를 착안해낸 사람은 아르키메데스가 처음이었다.

심리학자들은 아르키메데스가 환호성을 지른 그 순간의 경험을 일컬어 '아하 경험(aha experience)'이라고 명명했다. '아하!' 하는 순간 깨달음을 얻는다는 것이다.

그러나 아르키메데스의 성과는 결코 우연한 기적이 아니다. 그것은 그가 밤낮없이 수학적 고민에 몰두한 끝에 얻은 명쾌한 결론일 뿐이다. 그가 수학자로서 무수한 시행착오를 겪으면서도 끊임없이 자신의 직분에 매달리지 않았다면 물이 넘치든 말든 아무 생각도 떠오르지 않았을 것이다.

누구나 살면서 크고 작은 '아하 경험'을 하게 된다. 스스로를 가둬두고 있던 어떤 틀에서 빠져나와 새로운 가치와 의미를 발견할 때, 영원히 깨지지 않을 것 같던 고정관념이나 선입견으로부터 자유로워지는 순간, 사람은 그 몇 배 더 성장한다.

비즈니스 현장에서 수많은 고객들을 만나면서 나 역시 종종 이런 환희를 경험한 적이 있다. 그중에서도 입사 9개월째 경험한 사건이 가장 신선한 충격이었다.

그 시기 나는 회사에서 신인으로서는 비교적 높은 성과를 올리고 있었지만 일에 대해 진정한 성취감을 느끼지 못하는 상태였다.

당시만 해도 나의 주요 고객들은 대부분 이런저런 연고로 알게 된 지인들이었다. 그러나 상대가 필요에 의해 가입한 것인지, 아니면 나에 대한 의리나 예의상 들어준 것인지 알 수 없었다. 이런 식의 영업은 언젠가는 밑천이 떨어질 게 뻔했다.

스스로 원해서 시작한 일이었지만 과연 내가 이 일을 계속 잘할 수 있을지 문득문득 불안감에 휩싸이기도 했다. 무엇보다도 나는 새로운 고객에 목말라 있었다.

그러던 중 교육 시스템의 일환으로 회사에서 정해준 지역 안에서 아무 연고도 없는 사람들에게 명함을 내밀며 설문조사 등을 하게 되었다.

"어쩌다 이 일을 하게 됐는지 모르지만 아무리 봐도 당신은 보험 영업을 할 사람이 못 됩니다. 그리고 나는 절대로 보험 같은 건 들지 않을 것이고 앞으로도 이 생각은 변하지 않을 것입니다. 다시는 나를 찾아오지 마세요!"

한 중소기업 사장으로부터 심한 거절의 말을 듣고 돌아서던 날, 참담한 회의가 밀려왔다.

처음 인사를 나눌 때부터 그는 내가 대형 보험 회사에 세뇌당했다며 보험에 대해 부정적인 말들을 늘어놓았다.

그러나 꾸준히 대화를 나누다 보면 언젠가는 마음을 열어 줄 거라는 기대로 일주일에 한 번은 꼬박꼬박 현장 실습 지역에 있는 그 사무실을 찾아갔다. 그런데 막상 두 번 다시 오지 말라는 말까지 들으니 온몸에 힘이 쭉 빠졌다.

"사장님, 지금은 우리나라 생명보험 가입률이 10가구 중 2가구밖에 되지 않는 열악한 수준이지만 저는 10년 내에 미국이나 일본처럼 달라질 거라고 믿습니다. 다양한 보장성 보험과 연금보험만큼 삶을 지켜주는 것은 세상 어디에도 없다고 확신합니다. 저를 걱정해주셔서 감사합니다. 안녕히 계십시오."

쫓겨나다시피 사무실을 나서면서도 이 말은 꼭 해야 될 것 같아 정중히 인사하고 물러가는데 한없는 자괴감이 밀려왔다.

여기까지가 내 한계인가? 안 되는 건 결국 안 되는 것인가? 오만 가지 생각이 머릿속에 들끓기 시작했다.

그러나 3개월이 지난 어느 날, 기적 같은 일이 벌어졌다.

명함조차 받지 않으려고 했던 그 중소기업 사장이 주위 사람들에게 내 연락처를 수소문하고 있다는 소식을 들었다. 평생 안 볼 것처럼 매몰차게 대하더니 이제 와서 왜 나를 찾는 걸까? 처음에는 믿기지 않았다.

"곰곰이 생각해보니 아무래도 연금 하나 정도는 들어야겠더군요."

석 달 만에 다시 만난 그가 먼저 웃으면서 말을 건넨 순간 내 앞에는 인생의 터닝 포인트가 펼쳐졌다. 나에게 그토록 가혹한

독설을 내뱉었던 그가 스스로 마음을 바꾼 것이다.

거절은 새로운 기회의 시작이다

세상에 변하지 않는 것은 없다.

서로의 가슴에 비수를 꽂으며 헤어진 연인도 다시 만나 이전보다 더 뜨거운 사랑을 나누기도 한다. 하물며 고객이란 하루에도 몇 번씩 마음이 바뀔 수 있는 존재라는 것을 왜 깨닫지 못했을까?

석 달 전 그 사무실을 나올 때만 해도 사람이 한번 싫다고 하면 그걸로 끝인 줄 알았다. 나는 설득에 실패했고 그 마음을 돌이키기는 불가능하다고 여겼다. 능력의 한계를 느낀 만큼 실망도 컸다.

그러나 보험 같은 것은 절대 들지 않겠다고 말했던 상대가 사실은 내 설명을 귀담아듣고 있었던 것이다.

그는 나의 인격이나 내가 권하는 상품을 거절했던 게 아니었다. 다만 시간이 필요했을 뿐이다.

'판매는 거절에서부터 시작된다.'

사방이 온통 거대한 벽으로 가로막힌 듯한 두려움이 사라지는 순간, 나는 마음속으로 첫 번째 유레카를 외쳤다.

나를 거절하는 고객은 내가 권하는 상품을 아직 제대로 이해하지 못한 것이다.

설득에 실패한 것은 더 이상 기회가 없다는 뜻이 아니라 상대의 마음을 더 많이 들여다보라는 뜻이다. 거절의 이유는 얼마든지 있을 수 있다. 보험은 들고 싶지만 당장 여유가 없을 수도 있고, 보험에 대한 인식이 좋지 않아서 거부감을 느꼈을 수도 있다.

세일즈맨의 본분은 설득에 있고, 고객은 일단 거절부터 한다. 설득에 저항하는 것은 고객의 자연스러운 심리다.

고객은 항상 떠날 준비를 한다. 더 좋은 상품을 향해, 더 좋은 상황이 될 때까지. 이것이 고객의 속성이다.

그들은 필요성을 인식하지 못하기 때문에 쉽게 설득당하지 않으려고 끊임없이 방어벽을 친다. 가까이 다가갈수록 그 벽은 더욱 두꺼워지고 높아진다. 이럴 때 지레 겁먹고 물러나면 기회는 영영 사라지고 만다.

고객이 이런저런 이유를 대며 나를 만나지 않으려고 하거나 아무리 설득해도 듣지 않을 때는 반드시 그럴 만한 이유가 있는 법이다. 상대를 이해하고자 하는 노력도 없이 눈앞에 나타난 현상에만 집중하면 더 이상 앞으로 나아갈 수 없다.

'사람의 마음은 시시각각 바뀐다.'

이 두 번째 유레카는 그동안 상대의 거절에 상처받고 두려워하던 나에게 새로운 희망을 안겨주었다. '지난 몇 달간 나를 거절했던 사람들은 내가 포기해서 사라진 잠재 고객들이다. 상황에 따라 오늘의 생각이 내일이면 완전히 바뀔 수도 있다.' 이런 생각이 든 순간 내가 설득하지 못할 사람은 없다는 확신이 생겼다.

'세일즈란 콩나물시루에 물을 주는 것과 같다.'

이것이 나의 세 번째 유레카다. 시루에 물을 주면 물은 다 빠져나가도 콩나물은 자란다. 고객의 인식도 마찬가지다. 한쪽 귀로 듣고 한쪽 귀로 흘려버리는 것처럼 보여도 자신에게 꼭 필요한 내용은 걸러서 기억했다가 언젠가는 관심을 나타낸다. 다만 그 시기에 편차가 있을 뿐이다.

오늘 나를 거절한 고객은 내일을 위해 준비된 고객이다. 스스로 지워버리지 않는 한 잠재 고객 리스트는 언제나 유효하다.

목표에
한계치란 없다

"젊었을 때는 나름대로 목표를 세우기도 했는데 이제는 세월만 가고, 아쉬운 생각밖에 안 드네요."

"나도 그런 때가 있었는가 싶기도 하고……."

30대 중반에 입사해 목적 자금 만들기 플랜을 만들어 정신없이 뛰어다니던 때 나의 주요 고객들은 대부분 40대 중후반과 50대였다. 당시 많은 사람들의 바람은 목돈 만들기였다.

내가 이 일을 통해 고객들의 고민을 해결할 수 있는 방법은 무엇일까? 이른바 '세월 가는 게 억울하지 않는 방법'이라는 부제를 달고 적금 들기 프로젝트를 시작할 때만 해도 상품이 그토록

히트할 줄 몰랐다. 아깝게 흘려보낸 날들이 억울하지 않도록 세월 대신 만들어진 목돈은 누구에게나 충분한 위로가 되었다.

이 상품은 중장년층 사이에서 대박을 쳤다. 나는 그해 1등을 했고, 저축의 날 기념식에서 대통령 표창까지 받았다. 내가 저축을 많이 해서가 아니라 저축의 필요성을 널리 홍보한 공로를 인정받은 것이다.

목표란 저마다의 인생을 탱탱하게 만들어주는 산소 같은 것이다. 목표가 없으면 생활의 에너지를 얻을 수 없고 가치 있는 삶을 살 수도 없다. 비즈니스에서는 목표를 어떻게 세워야 할까?

나는 해마다 나의 한계점에 목표를 둔다.

자신의 한계를 뛰어넘기란 결코 쉬운 일이 아니다. 그러나 참으로 냉혹한 것이 세상이다. 앞서 가는 사람이 자신의 한계를 극복하지 못하면 더 이상 앞으로 나아가지 못한다고 질책하니 말이다.

힘들고 어려운 길이라는 것을 알면서도 세상은 그리 오래 기다려주지 않는다. 챔피언이라도 멈춰 섰다고 판단되는 순간 가차 없이 실망하고 바로 잊어버리는 게 세상인심이다.

사람은 누구나 웬만하면 편하게 지내려는 속성을 가지고 있다. 대충 현실과 타협하는 적당주의가 생겨나는 것도 그 때문이다.

그러나 나는 편안하면 오히려 불안하다. 자칫 긴장을 늦추고 있으면 스스로 나의 가능성을 방치하는 것 같아서 두렵다.

그런 의미에서 특별한 건 아니지만 나만의 장치를 마련해두곤 한다. 해마다 연초에 나만의 계획서를 작성해 회사에 보고하고 관리자에게 중간 중간 목표를 점검받는다. 회사가 그것을 요구하는 것은 아니지만 내게는 책임감 있게 한 해를 보내기 위한 안전장치임에는 분명하다. 그렇게 함으로써 나 자신을 더욱 철저하게 관리할 수 있기 때문이다.

목표는 연 목표, 월 목표, 주간 목표, 일일 목표를 따로 정해서 하나하나 체크하고 실적을 두 배 늘리고 싶을 때는 활동량을 네 배로 늘린다. 다행히 이 안전장치는 해마다 착오 없이 가동하여 원하는 목표를 무난히 달성할 수 있었다.

삶에 있어서 목표는 나침반 같은 것이다.

망망대해를 항해하는 배에 나침반이 없다고 상상해보라. 어디로 가야 할지 어디로 가고 있는지 모르는, 그야말로 미아 신세가 된다.

삶이라는 바다에서 방향을 알려주는 것이 바로 목표다. 목표가 없다면 방향도 없다. 한 방향으로 전력 질주해도 모자랄 판에 방향조차 알 수 없다면 결과는 뻔하다.

목표는 가짓수도 많고 종류도 다양하다. 하루, 한 달, 한 해는 물론 인생 전체의 목표도 있고, 결혼, 정년퇴직 이후, 노후의 목표도 있다. 심지어 세계 일주도 목표가 될 수 있다. 무엇이든 목표는 세울수록 좋다. 그리고 목표를 세우는 순간 이미 절반은 이룬 것이나 마찬가지다.

목표란 곧 희망이다. 목표를 세우는 순간 그것을 향해 달려가기 때문이다.

60대에 멋진 연주가가 되겠다는 목표는 삶을 풍요롭게 만들 것이다. 젊은 사람 못지않은 몸짱이 되겠다는 목표는 삶을 건강하게 재생산할 것이다. 일흔을 넘긴 나이에 에베레스트 트래킹을 다녀오는 분들도 있고, 늦은 나이에 전시회를 가지는 분들도 한둘이 아니다.

목표가 생기는 순간 행복이 자라기 시작한다.

우리는 하루도 빠짐없이 목표를 이루며 살아가고 있다. 목표가 있기 때문에 삶의 생기를 느낄 수 있다. 목표 없는 삶은 표류 끝에 좌초되고 만다. 목표는 모든 것을 살아 움직이게 하는 에너지의 원천이기 때문이다.

설득하려면 상대를 유리한 지점에 앉혀라

"죄송하게 됐습니다. 사정이 생겨서……."

상담을 약속한 고객이 하루 전에 전화를 걸어 이런 말을 해

오면 고객이 아직 마음을 열지 못했다는 뜻이다.

대부분 이런 경우는 상담 약속을 잡기 전부터 넘어야 할 산이 많다. 부득이 만남을 허락했다 하더라도 처음에는 묻는 말에 대답하는 것도 꺼린다.

"그 상품이 좋은 건 알겠는데 여유가 없어서요."

그렇지 않아도 내키지 않던 차에 소비자의 저항 심리가 발동한 것이다.

상대방이 내 이야기에 흥미를 느끼는지 아니면 여전히 부정적인지는 태도를 보면 알 수 있다. 설득에 거부 반응을 나타내는 경우 사람들은 대부분 몸을 뒤로 젖히고 약간 돌아앉은 자세를 취한다. 더 이상 깊이 들어오지 못하도록 적당히 거리를 두려는 심산이다.

이럴 때는 비슷한 환경의 사례를 들어가며 차분히 상품의 구조를 설명하는 것이 좋다. 상품을 제안할 때는 가급적 두괄식으로 결론부터 이야기하되, 그렇게 하면 어떻게 되는지, 왜 내가 당신에게 이 제안을 하게 됐는지 간략하면서도 정확하게 설명해야 한다. 상대의 경제적 규모나 여건에 맞지 않는 사례는 현실감이 떨어지므로 공감하기 어렵다.

한 가지 대안을 가지고 고객을 상담하는 사람과 세 가지 대안을 준비해서 상담하는 사람은 어떤 차이가 있을까?

한 가지를 준비한 사람이 대화의 밑천이 떨어져 난감해하고 있을 때 세 가지를 준비한 사람은 고객의 마음을 다양하게 읽는 화술로 대화를 유쾌하게 이끌어간다.

이런 식으로 이야기가 어느 정도 진행되면 처음에 거부 반응을 보이던 고객의 상체가 앞으로 쏠리게 된다. 듣고 보니 솔깃하다는 뜻이다.

"그런데 좀 궁금한 게 있어요."

질문이 하나둘씩 나오기 시작하면 대화는 급물살을 타게 된다. 고객으로부터 결심을 이끌어내는 가장 빠른 방법은 고객의 질문을 통해 궁금한 사항을 가급적 빨리 해소해주는 것이다. 그러면 이때부터 비교적 진지하고 편안한 분위기에서 상품 소개를 할 수 있다.

"기회가 된다면 이 상품에 대해 더 자세한 정보를 알려드리고 싶은데 언제쯤 시간을 내주시겠습니까?"

우여곡절 끝에 다음 상담 날짜를 예약했더라도 변수가 생길 가능성은 얼마든지 있다.

"오늘 중요한 미팅이 있는 걸 깜빡했어요."

"미안해서 어쩌죠? 갑자기 급한 일이 생겼어요."

난처한 기색을 내비치며 두 번째 만남을 미루는 이유는 단 하나다. 상대가 누구든, 또 얼마나 정직하게 설명했든 상관없이 보험 재테크를 처음 하는 사람일수록 일단 돈이 오가는 첫 거래에서는 어쩔 수 없이 갈등하게 마련이다.

처음 만났을 때는 충분히 이해했지만 하루 이틀 지나면서 그 느낌은 서서히 사라지고, 어느새 '뭐가 유익하다는 거지?'라는 의문이 다시 고개를 드는 것이다. 이런 고객들에게는 시간이 좀더 필요하다.

"네, 알겠습니다. 그럼 언제가 편하시겠습니까?"

조심스럽게 다음을 기약하는데 상대는 또 이렇게 말할 수 있다.

"사실 우리 세무사가 반대합니다!"

여러 번 약속을 미루던 고객이 이렇게 솔직히 말해주면 오히려 반갑다. 내심 기다리던 말이기 때문이다.

"그럼 궁금해하시는 부분에 대해 자세한 서류를 보내드려도 되겠습니까?"

최대한 공손하게 의향을 물어본 뒤 그쪽 세무사와 통화를 해본다. 그가 의문을 가지는 부분은 소득세법에 관한 내용이다.

"충분히 의문을 가질 만한 사항입니다. 그런데 소득세법 ○조 ○항에 이런 내용이 있는데 확인해보시겠습니까?"

나는 이런 경우에 대비해 미리 관련 자료를 준비해두기 때문에 전문가와 대화하는 동안 일이 한결 더 수월하게 진행되는 것을 느낀다. 전화 상담을 하면서 필요한 증빙 자료를 팩스로 보내면 빠를 경우 그날 바로 계약하자는 연락이 오기도 한다. 나의 리치 마케팅은 이렇게 시작되었다.

아무리 좋은 상품도 말로만 설득하려면 예기치 못한 난관에 맞닥뜨릴 수 있다.

유능한 세일즈맨은 아주 사소한 경우의 수 하나도 놓치지 않고 명쾌하게 의문을 풀어줄 수 있는 객관적인 데이터를 가지고 있어야 한다. 항상 준비된 자만이 매사에 두려움 없이 나아갈 수 있는 것이다.

적어라,
성공의 맥이 살아날지니

"또렷한 기억보다 흐린 펜이 낫다."

메모의 중요성을 강조할 때 내가 자주 인용하는 말이다.

사람은 어쩔 수 없는 망각의 동물이다. 기억력이 좋다고 자부하는 사람도 다른 사람의 부탁이나 요구 사항, 약속 등 외워야 할 것들이 많아지면 그중 한두 가지는 잊어버리기 십상이다.

스케줄을 관리해주는 비서가 있다 해도 본인이 직접 챙겨야 할 것은 따로 있게 마련이다.

한 번의 실수로 10년 공든 탑이 무너질 수도 있는 게 비즈니스의 세계다. 그런데도 기억력의 한계를 인정하지 않는 사람이 있다면 언젠가는 큰 낭패를 겪을 게 뻔하다.

중요한 계약을 앞두고 고객의 요구 사항 중 한 가지를 깜박했다고 가정해보자. 설령 일을 진행하는 데는 큰 지장이 없다고 해도 상대의 마음속에는 걷잡을 수 없는 불신이 자리 잡게 된다.

메모는 가장 적극적인 경청의 방법이다.

강연 도중에 청중들이 일제히 펜을 드는 경우가 있다. 이처럼 다른 사람의 이야기를 들으면서 메모하는 것은 '나는 당신의 이야기에 공감하고 있다'는 뜻이다.

메모는 습관화되지 않으면 어색하고 번거로운 일로 여겨질 수 있지만 의식적으로 자주 하다 보면 이것만큼 유용하고 편리한 것이 없다.

"연말쯤 다시 만납시다. 그때 아들이 유학을 마치고 돌아옵니다. 지금은 애 뒷바라지하랴, 사업에 신경 쓰랴 다른 일은 생각할 경황이 없네요."

한 고객과 이야기를 나누면서 메모해둔 내용을 발견한 건 그로부터 한참이 지난 후였다.

수첩을 넘기던 중 그와의 약속이 담긴 메모가 눈에 들어왔다. 안부 인사도 전할 겸 즉시 전화를 걸었다.

"그렇잖아도 내심 궁금했는데 마침 잘됐군요."

상대방은 금방 나를 기억해내며 반가워했다.

그는 처음 만난 자리에서 자신의 이야기를 세세하게 귀담아 듣고 메모하는 내 모습이 인상적이었다는 말을 덧붙였다.

어찌 생각하면 그냥 스치고 지나갈 수도 있는 관계였는데 메모 덕분에 다시 연결된 것이다.

여기에 메모의 또 다른 가치가 있다. 시간이 지나면 기억은 사라지지만 아무리 흐린 펜으로 쓴 글씨라도 메모는 기억의 보물 창고 역할을 한다.

더욱이 상대방은 메모하는 모습 자체만으로도 나에 대해 진지하고 성실한 이미지를 가지게 된다.

세 개의 성공 노트

나에게는 20년 동안 늘 함께하는 세 권의 노트가 있다. 내 보물 1호인 세 권 모두 일을 하면서 손으로 직접 메모한 것이다. 나는 이 메모를 시작하면서부터 만날 사람도 많아졌고 갈 곳도 많아졌다.

첫 번째 노트는 신계약 노트다.

이 노트에는 언제 누가 어떤 상품에 가입했는지, 고객 관리에 관한 기본적인 사항을 기록한다. 메모는 세 줄 정도가 적당하다. 너무 많은 것을 적다 보면 시간이 지날수록 소홀해지기 쉬워 기껏 작성한 내용을 들여다보지 않을 수 있다.

두 번째는 잠재 고객 리스트를 기록한 노트다.

이 노트는 말 그대로 잠재 고객 리스트에 이름, 나이, 전화번호 등 해당되는 사람에 관한 정보를 순서 없이 적은 것이다. 정보가 거의 없을 때는 일단 이름만 적어두었다가 하나하나 알아가는 대로 천천히 채워나간다.

잠재 고객 리스트 메모의 핵심은 서두르지 않고 차분하게 빈칸을 채워나가는 것이다. 하나하나 떠올리다 보면 한 사람이 바로 작성할 수 있는 잠재 고객 리스트만 해도 2백 명 가까이 된다. 그들 모두를 데이터베이스에 올려놓으면 특별히 상담 약속이 잡히지 않아도 갈 데 없다는 말이 나올 수 없다.

오늘 다섯 명을 만나면 그중 또 누군가의 소개를 받거나 우연히 만난 사람으로 최소한 몇 명의 잠재 고객이 더 확보된다. 그 사람들을 추가로 계속 올리다 보면 잠재 고객 리스트는 나날이 늘어난다.

그런데 이름이 잘 기억나지 않는 사람은 어떻게 할까? 그런 경우 느낌이라도 적는다. 직접적으로든 간접적으로든 나의 눈과 귀를 스쳐간 모든 사람들이 언젠가 나의 고객이 될 수 있기 때문이다.

세 번째는 활동 수첩이다.

잠재 고객 노트와 활동 수첩만 살펴보면 내일 해야 할 일이 떠오른다. 이 수첩을 작성하는 요령은 아주 간단하다. 내용은 최대한 복잡하지 않게, 순서 없이, 생각나는 대로 해야 할 일만 적는다.

머릿속에 떠오르는 일들을 무작위로 적어놓고 나서 우선순위를 정리한다. 일의 우선순위를 정하는 가장 쉽고 간편한 요령은 자신이 해야 할 일들을 크게 A, B, C, D로 구분하는 방법이다.

예를 들어 내일 반드시 해야 할 일은 A, A를 하고 나서 시간이 되면 할 수 있는 일은 B로 표시한다. 그다음에 A와 B를 하고 나서 할 일은 C, 내일 꼭 하지 않아도 되는 일은 D로 분류한다.

물론 일을 하다 보면 우선순위대로 진행되지 않는 경우도 있다. 그날 꼭 해야 할 일 중에 하지 못한 것이 있다면 다음 날 일정으로 옮겨서 다시 메모한다.

고객과 대화하는 동안에도 계속 메모하는 습관을 가져야 한다. 메모하는 모습을 보고 상대는 '이 사람이 나를 중요하게 생각하는구나!'라고 생각하기 때문이다. 나를 만난 자리에서 상대가 이런 생각을 하면 대화는 더욱 매끄러워진다.

이처럼 메모하는 습관은 상대에게 신뢰와 호감을 주는 동시에 대화를 계속할 수 있는 매개체가 되기도 한다.

메모하면서 상대의 주된 관심사가 어디에 있는지 빨리 판단하는 것도 중요하다. 단, 어떤 얘기든 너무 깊이 들어가는 건 금물이다. 가령 자녀 교육이 주된 관심사라 하더라도 부모의 만족도를 정확히 알 수 없는 상황에서는 섣불리 조언하지 않는 것이 좋다.

개인적인 얘기는 되도록 짧게, 우울한 얘기는 적당히 안심시켜주는 선에서 끝내고, 무조건 맞장구치지 않도록 주의하는 것도 잊지 말아야 한다.

미국의 유명한 토크쇼 진행자 래리 킹은 자신이 성공할 수 있었던 이유에 대해 이렇게 말했다.

"상대와 대화를 나누는 데 있어서 나의 첫 번째 규칙은 상대의 말을 잘 들어주는 것이다."

이처럼 상대의 말을 잘 들어주기 위한 수단이 바로 메모다.

메모의 중요성은 아무리 강조해도 지나치지 않는다. 메모야말로 가장 확실한 경쟁력이기 때문이다.

익숙한 과거와 결별하라

"과거와 같은 방법으로는 결코 승리를 되풀이할 수 없다. 끝없이 새로운 상황에 적응해야만 승리를 유지하고 이어나갈 수 있다."

《손자병법》〈허실〉 편의 한 대목이다. 익숙한 과거와 결별하기란 누구에게나 힘들고 두려운 일이다. 변화에 적응하는 것보다 이제까지 살아온 방식을 고수하는 것이 더 안전하게 느껴지기 때문이다.

'남보다 앞서 가려면 어떻게 해야 합니까?'

대학생들을 대상으로 강연할 때 종종 듣는 질문이다.

변화를 빠르게 수용하면 자연히 앞서 가게 된다. 발등에 불이 떨어졌을 때는 이미 늦다. 뒤처지지 않으려면 변화의 흐름을 빠르게 인식하고 자신만의 대응책을 세워야 한다.

우리는 미래를 예측하기는 하지만 결과는 누구도 장담할 수 없다. 따라서 더욱 확실한 것은 스스로 미래를 이끌어나가는 것이다. 즉 변화를 따라가기보다 스스로 변화를 주도해야 한다.

나는 지금까지 급변하는 시장 상황에서 생존을 위해 달려왔다. 절벽 앞에 서 있는 듯한 느낌도 수없이 맛보았지만 그때마다 나를 일으켜 세운 것은 다른 누구도 아닌 나 자신이었다.

세상이 달라졌는데도 예전 방식을 고집하거나 변화에 적응하고자 하는 시도조차 하지 않는 사람이 있다. 많은 사람들이 잡힐 듯 잡히지 않는 성공을 갈망하면서 오늘을 살지만 생각보다 늘 수동적이다.

시대 변화에 민감하지 않으면 경쟁에서 밀려날 수밖에 없다. 한때 유행했다고 해서 앞으로도 계속 잘 팔린다는 보장은 없다.

소비자는 늘 새로운 것을 원한다. 상품뿐만 아니라 자신을 대하는 판매자의 표정 하나, 건네는 말투 하나에도 신선한 변화를 요구한다.

프로는 항상 새로운 모습으로 소비자의 가려운 곳을 정확히 짚어주고 바람직한 제안으로 감동을 줄 수 있어야 한다.

고객은 오늘도 당신에게 남다른 서비스를 기대하고 있다.

기대가 충족되지 않는 순간이 잦아지면 관심도 멀어진다.

겨울을 빨리 끝내고 봄을 앞당기는 기술

"여름이 빨리 지나가면 좋겠어."

무더위가 지속되면 사람들이 습관처럼 내뱉는 말이다. 그러다 가을이 가고 겨울 추위에 시달리다 보면 어느새 따뜻한 봄을 기다린다.

"겨울이 빨리 가고 얼른 봄이 오면 좋겠어."

인간이 자연의 순리를 거스를 수 없다는 걸 알면서도 더위에 지치고 추위에 얼어붙은 마음은 아직 오지 않은 계절을 갈망한다.

그런데 이런 일이 실제로 가능하다면 믿을 수 있겠는가?

분지인 대구는 다른 지역에 비해 겨울은 춥고 여름은 다소 무덥다.

어느 모임에 갔다가 오래전 대구시장을 지냈던 이상희 전 장관의 특강을 들을 기회가 있었다. 시장 재직 당시 그분이 주목한 것은 겨울과 여름이 실제보다 길게 느껴질 정도로 춥고 더운 대구의 이미지였다고 한다.

“사람들이 빨리 지나갔으면 하는 여름과 겨울을 짧게 느끼게 하려면 무슨 좋은 방법이 없을까 여러 날을 고민했죠. 그랬더니 답이 나오는 겁니다!”

팔순을 넘긴 나이에도 노익장을 과시하는 전직 관료의 목소리에는 힘이 넘쳤다.

어떻게 이런 일이 가능했을까?

‘겨울이 빨리 끝나려면 봄이 일찍 와야 한다. 시민들에게 최대한 빨리 봄소식을 전할 수 있는 방법이 뭘까’ 하고 고민하던 그는 자연에서 해법을 찾았다. 봄에 가장 먼저 피는 산수유, 매화 등을 아파트 밀집 지역과 시가지에 집중적으로 심었던 것이다.

이와 함께 공원과 유원지를 확장해 곳곳에 호수를 만들고 하천에 충분한 물이 흐르게 했다. 거리마다 활엽상록수를 심어 겨울의 삭막한 분위기를 가렸고 주렁주렁 열매가 달리는 유실수를 곳곳에 심어 가을이 최대한 길게 느껴지도록 했다.

그러자 시민들의 가슴속에는 어느덧 봄과 가을이 길어진 대신 여름과 겨울이 짧게 다가왔다. 사람들이 마음으로 먼저 계절을 느끼도록 능동적인 변화를 시도한 것이다.

어떤 주제에 전심전력으로 몰입하면 불가능해 보이는 것도 현실이 된다. 능동적으로 앞서 가는 사람의 앞길에는 모든 가능성이 살아 있다.

비즈니스도 마찬가지다. 과거 후지필름이 도산 위기에 빠진 건 디지털 카메라가 주도하는 시대 변화에 능동적으로 대처하지 못했기 때문이다. 역사적으로 기업의 수명을 보면 알 수 있듯이 세상이 달라졌는데도 이전 방식을 고수하다 도태된 기업들은 헤아릴 수 없이 많다.

개인도 예외가 될 수 없다. 변화에 소극적인 사람은 결코 발전하지 못한다.

능동적인 변화의 주역이 되었을 때 성공에 한발 더 다가서게 된다.

당신의 꿈이 나의 비전이다

번화가에서 레스토랑을 운영하는 고객을 찾아갔다가 손님이 많은 것을 보고 역시 이쪽 분야에 노하우가 많은 사장이어서 운영을 잘한다 싶었다.

개업한 지 얼마 되지 않았는데 갈 때마다 자리가 꽉 차 있는 것을 보고 나는 사장에게 덕담을 건넸다.

"사장님, 사업이 날로 번창하니 얼마나 좋으시겠어요."

"뭐, 아직 별 실속은 없어요."

사장의 반응은 의외로 시큰둥했다.

"벌써 단골손님이 꽤 많은 것 같은데요."

"하하! 그래도 입소문은 좀 난 편이에요."

말하는 걸 보면 당장 어떤 문제가 있는 것 같지는 않았지만 왠지 내 눈에는 무슨 고민이 있어 보였다.

"처음부터 매장 두 개를 동시에 오픈할 계획이었는데……."

그는 또 다른 계획이 있는 것 같았다.

"제가 보기에는 충분히 가능할 것 같은데 구체적인 계획은 세워보셨어요?"

"생각뿐이죠. 자금 문제도 있고……."

이거였다. 상대의 고민이 어떤 것인지 파악된 이상 함께 해결책을 찾아볼 수 있었다.

"몇 억 정도는 더 있어야 하는데……."

상대가 무심코 흘린 말에 확실한 열쇠가 있었다.

"사장님, 그건 크게 어렵지 않아요. 그동안 불입한 보험 계약 대출을 통해 어느 정도는 해결할 수 있습니다."

사장은 미처 그 생각을 못했던 듯했다.

나는 그 자리에서 수첩을 꺼내 자금 마련에 대한 구체적인 밑그림을 제시해주었다.

"아, 그런 방법이 있었군요!"

설명을 듣고 나서 그의 얼굴이 환해졌다.

고객은 결과적으로 이익을 원한다.

금융 세일즈에서는 결코 한 치의 실수도 없이 정확해야 한다. 신중하고 세밀한 판단을 통해 상대에게 필요한 사람이라는 인식을 심어줄 수 있어야 하는 것이다.

잡은 고기 미끼 안 준다는 우스갯소리도 있지만 나는 무엇보다 먼저 기존 고객에게 충실하려고 노력한다. 이것이 바로 계약 유지율 99.7퍼센트의 비밀이다. 그렇게 함으로써 신뢰를 얻으면 양질의 새로운 고객이 자연스럽게 확보된다.

고객과 나의 꿈을 그림으로 그려라

"아무래도 일이 크게 잘못된 모양인데 어떻게 해야 할지 모르겠어요."

가끔 사업상의 문제가 생기면 나와 의견을 나누는 사람이 있다.

그의 목소리에는 이미 다급함이 묻어나 있었다.

지인과 건물을 신축하기로 하고 계약서를 작성했는데 법적으로 불리한 입장에 서게 된 것을 뒤늦게 알아차린 모양이었다.

"우선 이 계약서부터 검토해주세요."

불안한 표정으로 기다리고 있던 고객은 내가 도착하자 문제의 계약서를 내밀었다. 언뜻 봐도 잘못 작성된 계약서 같았다.

"일단 전문가를 통해 손실액이 얼마인지 검토해본 다음 대책을 세우면 되니까 너무 걱정 마세요."

다음 날 나는 회계사와 변호사를 통해 고객의 금전적 손실을 정확하게 파악하고 법적 대응책까지 마련해주었다. 그런 발 빠른 대응이 있었기에 추가 피해를 방지한 것은 물론 재협상을 할 수도 있게 되었다.

믿었던 사람으로부터 큰 손해를 입을 뻔한 고객은 비로소 안도의 한숨을 내쉬었다.

누군가에게 원하는 시점에 적절한 해결책을 제공하려면 우선 나부터 다양한 정보와 인프라가 구축되어 있어야 한다. 다행히 내 주변에는 언제든 도움을 청할 수 있는 각 분야의 전문가들이 다소 포진되어 있다. 그런 면에서 나는 늘 감사하게 생각한다.

"예 전무하고 의논하면 방법을 찾을 수 있을 것 같아 SOS를 친 건데 역시 전화하기를 잘했어요."

고객들에게 이런 말을 들을 때만큼 보람이 느껴지는 순간도 없다.

아프리카 속담에 "멀리 가려면 함께 가라"는 말이 있다. 혼자 가면 빨리 갈 수도 있고 많은 것을 독차지할 수 있다. 그러나 곳곳에 위험이 도사리고 있는 정글에서는 혼자서 멀리 가지도 못할뿐더러 자기 손에 쥔 것을 지켜낼 수도 없다.

고객의 이익을 먼저 생각하라

사람은 크고 작은 울타리 안에서 수많은 관계를 이루며 살아간다.

인간관계에서 조화로운 시너지를 이끌어내려면 자신을 둘러싼 사람들이 어떤 존재인지를 아는 것도 중요하지만, 내가 다른 사람에게 어떤 존재인지 냉철히 돌아볼 필요가 있다.

우리 모두는 누군가의 상대방이자 동반자이기 때문이다.

조금 불편하더라도 자신에게 엄격하고 타인에게 작은 호의라도 베푸는 일을 계속 하다 보면 언젠가는 더 많은 것이 돌아오는 경험을 우리는 수도 없이 많이 한다.

상대에게 관심을 가지고 호의를 베풀려면 어떻게 해야 할까?

우선 자기 자신의 확실한 그림이 필요하다. 또한 상대방이 꿈꾸는 그림은 어떤 모습인지 파악할 수 있는 안목도 필요하다.

여기서 말하는 그림은 비전이다. 상대가 현시점에서 성취하고자 하는 비전은 무엇이고, 내가 그 비전을 실현할 어떤 그림을 그려줄 수 있는지 자문해보라. 비즈니스뿐만 아니라 인생 전체를 통틀어 비전은 성공의 관건이다.

나는 보험을 통해 고객의 꿈을 실현해주면서 나의 비전을 완성하고자 했다. 그리고 시대의 흐름과 상황에 따라 달라지는 고객의 요구에 맞춰 가장 알맞은 그림으로 최선을 다해 디자인했다.

이것이 꿈을 향한 나의 비전이다.

식지 않는 열정이 나를 깨운다

일상의 모습이 평판을 결정한다

치열함이 강한 나를 만든다

마음의 빨간 구두를 신어라

지금 소통하는 사람이 나의 자산이다

나를 일으켜 세우는 것은 나 자신이다

다시 시작할 때가 가장 빠른 때다

상대의 관심사에 답이 있다

새로운 도전이 나를 가슴 뛰게 한다

일상의 모습이 평판을 결정한다

치열함이 강한 나를 만든다

마음의 빨간 구두를 신어라

어느 날 외부에서 손님을 만나고 사무실로 돌아가는데 앞에 있는 차량들이 꼼짝을 하지 않았다. 사고라도 났나 싶어 알아보았더니 백화점 개점 기념으로 판매하는 빨간 속옷을 사려는 사람들로 도로가 완전히 마비된 것이었다. 결국 나는 사무실로 돌아가지 못하고 차를 돌려야 했다.

이런 현상은 개점 때 빨간 속옷을 사면 재물 운과 행운이 동시에 깃든다는 유통가의 속설 때문이다. 이른바 레드(red) 마케팅으로 톡톡히 재미를 본 한 백화점은 개점 첫날 속옷 매출만 25억 원을 올렸다고 한다.

속설의 유래는 고기를 잡으러 먼 바다에 나갔던 어선이 만선을 상징하는 빨간 깃발을 선미에 달고 귀항한 데서 비롯됐다고 한다. 어부들의 무사 귀환을 기도하는 가족들에게 빨간색은 생명과 환희, 부를 상징하는 빛깔이었다.

빨강의 의미는 나라마다 차이가 있다. 프랑스에서 빨강은 귀족의 색이고 중국에서 빨강은 악귀를 몰아내고 복을 가져다주는 행운의 색이다.

중국인들은 자신이 태어난 해의 간지에 해당하는 해를 '본명년'이라고 하는데, 보통 이해에는 운수가 사나워 액운이 닥친다고 여긴다. 그래서 본명년에는 남녀노소 할 것 없이 붉은색의 다양한 액땜용 부적들을 몸에 지니는데, 이를 본명홍(本命紅)이라 부른다.

나에게도 빨강은 좋은 기운을 북돋워주는 색이다. 그래서 나는 중요한 비즈니스 상대를 만날 때 빨간색 재킷을 중심으로 코디한다. 나 스스로 좋은 기운을 가지고 비즈니스 테이블에 앉으면 상대방에게도 나의 열정이 전해질 것이라고 믿는 일종의 마인드 컨트롤이다.

큰 행사나 강연 때도 빨간색이 섞인 의상이나 소지품을 챙기는 게 버릇이다. 남들 눈에 띄지 않더라도 빨간 지갑을 몸에 지니고 있으면 왠지 기분이 유쾌하고 활기가 넘친다. 세계적인 구두 메이커로 성장한 '안토니' 김원길 대표의 《멋진 인생을 원하면 불타는 구두를 신어라》를 읽고 자신의 일에 대한 그의 열정에 박수를 보내며 빨간 구두 한 켤레를 구입하고는 하루 종일 기분이 좋았던 적도 있다.

치열한 비즈니스 현장에서 살아남기 위해 가장 중요한 것은 무엇일까?

그건 바로 자신감이다.

자신감이야말로 준비된 비즈니스의 출발점이다.

'내가 이 프로젝트를 과연 성공시킬 수 있을까?'

의기소침한 마음으로 고객을 만나면 될 일도 안 된다. 신중함과 겸손도 지나치면 독이 된다는 사실을 기억해야 한다. 물론 처음 만나는 사람을 설득하는 자리에 나가면서 두려움이 앞서는 것도 당연하다. 그럴 때는 긍정적인 자기암시를 반복하면서 기분을 북돋울 필요가 있다.

"이 가방을 들고 나갔을 때 중요한 계약을 성사시켰으니 오늘도 일이 잘 풀리겠지!"

어깨를 활짝 펴고 나가면 자기도 모르게 자신감이 생긴다. 모든 일은 마음먹기에 달렸다. 안 된다고 믿는 일에는 결코 기적이 일어나지 않는다. 비록 힘들겠지만 꼭 해낼 수 있다는 믿음이 있어야 자신도 놀랄 만한 성과가 나오는 법이다.

세일즈의 매력은 내 이야기를 진지하게 들어줄 사람이 몇 명만 있어도 한번 도전해볼 만하다는 점이다. 그러기 위해서는 항상 누구에게나 좋은 기운을 전해줄 수 있어야 한다. 좋은 기운은 자신의 내면에서 나온다. 긍정의 눈으로 보면 모든 상황이 내 편에 서 있다.

유쾌한 기운이 행운을 불러온다

"얼굴이 왜 그래?"

"집에 또 무슨 일 있어?"

"속상해 미치겠어……."

"무슨 일인데 그래?"

초기 팀장 시절 사무실에서는 사흘이 멀다 하고 항상 같은 장면이 반복되었다.

개인적인 일을 회사로 가져오는 한 직원 때문이었다. 잔뜩 찌푸린 얼굴로 사무실에 나타난 그녀의 푸념을 들으면서 동료들도 아침부터 덩달아 심각한 표정을 짓곤 했다.

사람의 감정은 전염성이 강하다. 별 생각 없이 있다가도 옆 사람이 웃으면 따라 웃게 되고 땅이 꺼져라 한숨을 내쉬면 공연히 울적해지기도 한다.

회의를 시작하기도 전에 팀 분위기가 완전히 가라앉는 일이 반복되었다. 겉으로 내색하지 않을 뿐 누구에게나 고만고만한 문제는 있게 마련이다. 그런데 마치 자기 집 안방을 사무실로 옮겨온 듯 신세 한탄을 늘어놓는 한 사람 때문에 전체 분위기가 엉망이 돼버렸다.

그렇게 어두운 마음을 안고 회사에 나왔으니 일이 잘될 리 없었다. 그녀의 실적은 점점 떨어졌고 나중에는 동료들도 은연중에 그녀를 멀리하기 시작했다. 아무리 위로해봤자 남의 가정사를 해결해줄 수도 없는 데다 자기 기분만 우울해질 뿐이라는 것을 깨달은 것이다. 어둡고 부정적인 감정에 휘둘리면 상대에게 우울 바이러스가 전해져 언젠가는 기피 대상이 되고 만다.

그와는 반대의 성격을 가진 직원도 있었다. 그는 재치 있는 농담도 잘하고 여간해서는 얼굴 찡그리는 법이 없다. 그가 가진 제일 큰 장점은 사람을 유쾌하게 만드는 재능이었다.

"로또라도 맞았어? 왜 그렇게 기분이 좋아?"

특별히 축하할 일도 없는 것 같은데 언제나 밝은 모습을 보고 직원들이 이렇게 물으면 돌아오는 대답이 걸작이다.

"에이, 들켰네. 오늘 내가 맛있는 거 사 줄게!"

그는 개인적으로 누구보다 힘든 상황일 때도 늘 그렇게 밝고 긍정적인 모습을 보여주려고 노력했다.

사람들은 본능적으로 밝은 곳을 지향하는 습성이 있다. 자기만의 꿀단지를 떠올리며 사무실에 늘 웃음 바이러스를 전파하는 그 직원 곁에는 따르는 동료들도 많았다. 그런 사람이 밖에 나가서 일을 잘하는 건 당연하다.

어떤 위치에서 자기 역할을 잘하는 사람들을 보면 그 말이나 태도에서 좋은 기운이 풍기는 것을 알 수 있다. 이런 에너지는 결코 타고나는 것이 아니다. 노력하면 얼마든지 얻을 수 있는 것이다.

어떻게 하면 스스로 좋은 기운을 유지하면서 남에게 좋은 느낌을 줄 수 있을까?

비결은 간단하다. 마음의 빨간 구두를 신고 항상 내면을 밝게 연출하는 것이다. 쌀독에서 인심 난다고 했다. 내 집에 먹을 게 있어야 남에게 베풀 여유가 생기는 법이다. 마찬가지로 내 안에 좋은 기운이 있어야 남에게도 좋은 느낌을 전해줄 수 있다.

내 안에 유쾌한 기운을 가득 채우자.

지금 소통하는 사람이
나의 자산이다

"성공한 사람보다 가치 있는 사람이 되려고 노력하라."

누군가에게 가치 있는 사람이 된다는 것은 소통을 통해 공감한다는 뜻이다. 주위에 공감하는 사람이 많을수록 성공할 가능성도 높아진다.

"사람들은 자기가 가진 돈만 자산인 줄 아는데 결코 그렇지 않습니다. 요즘은 사람이 가장 큰 자산입니다. 그런데 사람이 어떻게 자산이 될 수 있을까요? 나와 소통하면 그 사람이 언젠가 나에게 힘을 주고, 영감을 주고, 조언을 해주어 결과적으로 나에게 큰 도움을 줄 수 있기 때문입니다."

어느 강연장에서 내가 했던 말이다.

나와 공감대가 형성된 사람은 머지않아 나의 자산이 된다는 것이 이날 강의의 주제였다.

입사하고 1년쯤 되던 때로 기억한다. 그 무렵 나는 상담을 청해놓고 뚜렷한 이유도 없이 차일피일 계약을 미루는 고객 때문에 한창 고민 중이었다. 제조업체를 경영하는 그는 바쁘게 움직이는 터라 차분히 앉아서 설명할 여건도 되지 않았다.

궁리 끝에 나는 그에게 진지한 장문의 편지를 썼다. 그리고 편지를 보내고 나서 일주일 뒤 그를 찾아갔을 때 상황은 완전히 달라져 있었다. 내가 정성껏 써서 보낸 편지를 읽어본 그가 마침내 나의 제안을 받아들인 것이다.

당시만 해도 월 평균 소액으로 보험 계약을 하던 시절이었다. 그런데 그는 1백만 원 단위의 연금보험에 흔쾌히 가입했으며 직업군이 비슷한 사람들을 소개해주기도 했다.

훗날 마음을 바꾸게 된 이유를 묻자 그는 이렇게 대답했다.

"편지를 읽으면서 상품을 권한다는 느낌보다는 나에게 필요한 정보를 제공하고 있다는 생각이 들더군요. 그리고 무엇보다 전문성과 진정성이 느껴졌어요. 이 정도라면 믿고 거래해도 되겠다는 판단이 들었던 거죠."

사람들을 그냥 알고 지내는 것만으로 소통한다고 할 수 없다. 진정성으로든 전문성으로든 공감대가 형성되지 않으면 진정한 소통을 이루기 어렵다. 주고받은 명함이나 전화번호가 수백 개라도 그 모든 사람들과 소통한다고 할 수는 없지 않은가. 건성으로 알고 지내는 수많은 사람들보다 진정으로 소통하는 단 한 사람이 진정한 나의 자산이다.

성공하려면 소통 부자가 되어야 한다. 현재 나와 소통하고 있는 사람이 언젠가는 마음이든 물질이든 나의 자산을 불려줄 근간이 되기 때문이다.

"소통이 중요한 줄은 알지만 어떻게 해야 소통할 수 있는지 모르겠어요. 사람의 마음을 얻는 특별한 방법이 있습니까?"

소통의 중요성을 말할 때면 늘 이런 질문이 따른다. 내가 생각하는 소통은 관심과 서로의 눈높이를 맞추는 것이다.

내려갈 때 보았네
올라갈 때 못 본
그 꽃

고은 시인의 〈그 꽃〉이라는 시다. 여러 의미들이 있겠지만 이 시만큼 소통에 대해 많은 것을 말해주는 것도 없다고 생각한다.

올라갈 때는 왜 그 꽃을 보지 못했을까? 주변에 관심을 두지 않고 올라가는 데만 급급했기 때문이다.

상대와 눈을 맞추는 것이 소통의 시작이다

어떤 느낌으로 마음을 전달하느냐에 따라 인간관계의 모습
이 달라진다. 상대의 마음을 움직이려면 내가 먼저 따뜻한 마음을
전달할 수 있어야 한다. 이것이 바로 소통의 기본이다.

기초를 충실히 다지지 않은 채 쌓은 탑은 끝까지 완공할 수
도 없고, 설령 완공했다 하더라도 얼마 지나지 않아 무너질 수밖에
없다. 목적지만 보고 앞으로 나가다 보면 정작 중요한 것들을 간
과할 때가 많다. 비즈니스에서 바빠서 못 했다는 것은 결코 면죄부
가 될 수 없다.

지금 나와 소통하는 사람들은 나무를 받쳐주는 뿌리와 같
다. 뿌리는 겉으로 드러나지 않지만 줄기 이상으로 활동이 왕성하
다. 뿌리가 튼튼하고 건강해야 나무가 잘 자라는 법이다.

국회의원 선거일을 며칠 앞두고 한 후보를 만났을 때의 일
이다.

"어떻게 하면 더 많은 유권자의 마음을 사로잡을 수 있을지
좋은 방법이 있으면 알려주십시오."

요컨대 짧은 시간 안에 할 수 있는 가장 효과적인 소통 방법을 알려달라는 것이다.

선거철이 되면 후보들은 하루에도 수백, 수천 명의 유권자들과 악수를 하지만 일정에 쫓긴 나머지 대부분 손과 눈이 따로 논다. 이쪽 유권자와 악수하면서 눈은 벌써 다른 유권자에게 가 있다. 이런 악수는 아무리 많이 한들 유권자의 마음을 움직일 수 없다. 악수나 대화를 하면서 상대방과 눈을 맞추는 것은 소통으로 가는 첫 관문이다.

"아무리 바빠도 유권자와 악수하면서 눈을 맞추는 것을 잊지 마세요."

내가 해줄 수 있는 조언은 이 한 가지뿐이었다.

아무런 교감 없이 악수한다면 손만 아플 뿐 무슨 소용 있겠는가?

배려를 바탕으로 더욱 따뜻한 마음을 전하는 것이 소통이다.

배려의 사전적 의미는 '여러 가지로 마음을 써서 보살피고 도와준다'는 것이다. 이 대목에서 내게는 영원히 잊을 수 없는 고객 한 분이 있다.

IMF 여파로 힘들어하는 나에게 그는 많은 용기를 주었다. 나는 그를 통해 배려의 진정한 미덕을 깨우칠 수 있었고 감사하는 마음과 겸손을 배웠다.

한번은 부인과 함께 식사하는 자리에서 그가 웃으며 나에게 너무나 과분한 격려의 말을 해주었다.

"나는 예 전무한테 돈 내는 재미로 일하는 사람이에요."

금융 세일즈를 하면서 이런 말을 들은 사람의 심정을 그 누가 알까? 나는 크나큰 감사와 평생 잊지 못할 감동을 느꼈다.

나는 그저 맡은 본분에 충실하고자 노력했을 뿐인데 나에 대한 신뢰는 어느새 그분의 지인들에게까지 이어졌다. 결과적으로 이런 분들이 오늘의 나를 있게 한 것이다.

나와 관계하는 수많은 사람들은 언제나 든든한 내 편이 되어줄 것이라는 큰 믿음이 있기에 앞으로도 꾸준히 이 길을 걸어갈 수 있겠다는 생각을 한다.

소통의 대상은 멀리 있는 게 아니다. 언제나 주변에서 마음으로 자신을 아껴주고 배려해주는 사람들과 서로 마음이 닿았을 때 자신에게 자산이 되는 진정한 소통이 이루어지는 것이다.

나를 일으켜 세우는 것은 나 자신이다

"벌써 몇 번째야? 뭘 해도 되는 일이 없고……. 요즘 같아서는 아무 의욕도 없어."

"난 이미 포기했어. 자꾸 떨어지는 것도 지겨워."

대학생으로 보이는 20대 여성들이 나누는 대화 내용이다. 얼핏 듣기로는 취직이 안 돼서 낙심한 듯했다. 그녀들의 뒷모습을 바라보는 마음이 내내 무거웠다.

실패는 또 다른 도전을 의미한다는 사실을 모를 때는 세상이 부정적인 요소로 가득 차 있는 듯하다. 어려운 문제에 직면했을 때 끝까지 체념하지 않고 스스로 마음을 추스르기란 누구에게나 쉽지 않은 일이다.

사람들은 포기한 사람에게 위로를 건넨다. 그러나 그 어떤 위로도 오래가지 못한다. 힘내라는 말도 의례적으로 비칠 뿐이다. 스스로 여기까지라고 생각하는 사람에게는 잠시 어깨를 토닥여주는 것 말고 해줄 것이 없다.

반대로 다시 시작하는 사람에게는 아낌없는 축하를 보낸다. 자신이 뭔가 도울 일이 없는지 물어보기도 하고, 그 일에 참고할 사항이 없는지 방법을 찾아보기도 한다.

남에게 위로받으면서 살아가는 삶에는 할 수 있는 일이 많지 않다. '멈춤'에서 고여 있기 때문이다. 이제까지 해왔던 방법이 통하지 않으면 다른 길을 찾아봐야 한다.

생각을 바꾸는 순간 새로운 돌파구가 열린다. 돌아가든 좀 더 앞으로 가든 어딘가에 반드시 길은 있다.

프랑스 작가 로랑 구넬은 자신의 책《가고 싶은 길을 가라》에서 아기는 평균 2천 번을 넘어지고 나서야 비로소 걷는 법을 배운다고 했다. 수없이 넘어지는 동안에도 결코 두려움을 느끼지 않는 아기는 스스로 걸을 때까지 끊임없이 넘어지고 다시 일어나기를 반복한다. 아기가 넘어지면서 울음을 터뜨리는 건 두려워서가 아니라 제 딴에는 빨리 걷고 싶은데 뜻대로 되지 않아서다.

포기하지 않는 한 실패란 없다. 포기할 때 비로소 완전히 실패하는 것이다. 넘어지고 일어나기를 되풀이하면서 아기의 발목에 힘이 생기고 몸의 균형을 잡는 법을 익힌다. 그렇게 2천 번을 넘어졌다 일어나면 아기는 비로소 자기 힘으로 걷게 된다.

우리가 좌절하고 절망하는 이유는 실패의 고통을 함부로 예단하고 지레 겁먹고 스스로 포기하기 때문인지도 모른다. 한 번의 시도로 무언가를 이루는 사람은 없다. 성공은 수십 번의 실패를 바탕으로 이루어지는 것이다. 실패를 두려워하기보다 노력이나 의지가 부족하지 않았는지 자신을 돌아보는 것이 현명하다.

자신의 실패를 객관화하라

헨리 포드는 세 번의 큰 실패를 겪은 뒤 비로소 자동차 왕으로 불리며 성공을 거두었다. 원래 농부였던 포드는 농사가 자신의 길이 아님을 깨닫고 자동차 회사에 취직했다.

그리고 그가 자동차 회사를 설립하고 서민을 위한 자동차를 만들겠다고 선언했을 때 경쟁자들 모두 그를 비웃었다. 웬만한 봉급생활자라면 누구나 가질 수 있는 차, 5퍼센트가 아닌 95퍼센트의 대중들을 위한 값싸고 편리한 차를 시장에 선보이겠다고 하자 동업자마저 그를 외면했다.

"95퍼센트를 위한 자동차? 그런 시장이 있기는 한 거야?"

"잘난 척하던 헨리 포드가 드디어 망할 모양이군."

자금 부족으로 경영난에 시달리는 그를 미친 사람 취급하던 경쟁자들은 3년 뒤 세상이 완전히 달라진 것을 보고 경악을 금치 못했다. 자동차는 전체 인구의 5퍼센트밖에 안 되는 몇몇 돈 있는 사람들의 전유물이라는 고정관념이 보란 듯이 깨진 것이다. 포드는 결국 재기했고, 몇 년 뒤 지구상의 자동차 1백 대 중 68대가 그가 만든 것이었다.

가난과 실직, 주위 사람들의 냉대와 비웃음, 열악한 사업 환경 등 포기를 강요하는 요소들은 수없이 많았다. 그가 자신의 고통을 객관화하지 못했다면 '자동차 왕'이라는 전설적인 별명은 얻지 못했을 것이다.

우리 모두는 2천 번을 넘어져도 다시 일어섰던 위대한 어린 시절을 거쳐 성인이 되었다. 아기가 넘어졌다가도 다시 힘을 내어서 일어설 수 있는 것은 실패의 두려움을 모르기 때문이다.

그 자유롭고 용감한 아이는 다 어디로 갔는가?

누가 시키지 않아도 해냈던 어린 시절의 도전 정신은 어디 가고, 지금은 두 번, 세 번도 힘들다고 주저하는가?

길을 걷다가 갑자기 넘어진 사람들은 대개 두 가지 반응을 보인다. 하나는 얼른 일어나 몸을 추스르고 아무 일도 없었다는 듯이 다시 걸어가고, 다른 하나는 주위를 둘러보면서 얼굴을 붉히고 짜증을 내는 것이다.

두 가지 유형 모두 고통과 창피함을 느끼겠지만 실패의 흔적이 더 오래 남는 것은 후자다.

무엇이 당신을 머뭇거리게 하는가?

실패는 앞으로 다가올 성공의 과정일 뿐이다. 두려워 말고 앞으로 나아가라. 결국 당신을 일으켜 세울 사람은 당신 자신이다.

다시 시작할 때가 가장 빠른 때다

어린 딸을 키우는 싱글맘, 끼니를 걱정해야 할 만큼 곤궁한 생활, 심한 우울증, 7년 동안 이어진 절망적인 삶은 작가가 되고자 하는 꿈을 여지없이 무너뜨렸다. 아무런 희망조차 보이지 않을 때 마지막으로 그녀는 이렇게 생각했다.

"사랑하는 내 딸이 재미있게 읽을 수 있는 동화 한 편을 남기자!"

그로부터 몇 년 뒤 그녀는 세계적인 베스트셀러 《해리 포터》의 저자로서 하버드대학교 졸업생을 위한 축사를 낭독하는 자리에 섰다. 그녀는 말했다.

“삶의 맨 밑바닥이야말로 인생을 바로 세울 수 있는 가장 단단한 기반입니다.”

절망, 좌절, 포기도 마음의 습관이다.

계획대로, 예상대로 순조롭게 진행되는 일이란 없다. 무슨 일이든 잘되는 듯싶다가도 뜻밖의 난관에 봉착하게 마련이다. 그러나 대응 방법은 사람마다 다르다. 눈앞의 결과에만 연연해 낙담하고 절망하는 사람이 있는가 하면, 미련해 보일 정도로 힘든 길을 계속 가는 사람이 있다.

다시 시작하는 순간이 가장 빠른, 최상의 선택이라는 사실을 가장 잘 보여주는 것이 토머스 칼라일의《프랑스 혁명사》에 얽힌 이야기다.

칼라일은 자신이 완성한《프랑스 혁명사》원고를 이웃의 유명한 학자에게 주며 한번 읽어봐 달라고 부탁했다. 몇 주일이 지나도 그 학자로부터 아무런 소식이 없자 칼라일은 다시 그의 집을 찾아갔다. 그러나 그 학자는 원고를 읽기는커녕 까맣게 잊고 있었다. 그제야 생각을 떠올리고 원고를 찾았으나 집 안 어디에도 없었다. 알고 보니 하녀가 쓸모없는 물건인 줄 알고 불쏘시개로 써버린 것이다.

몇 년 동안 심혈을 기울여 쓴 원고가 한 줌 재로 변하자 칼라일의 충격은 이만저만이 아니었다. 다시 쓰려니 엄두가 나지 않고, 그렇다고 일생의 작업을 포기할 수도 없었다.

그러던 어느 날 잔뜩 수심에 잠겨 길을 가던 칼라일의 눈에 어느 벽돌공의 모습이 들어왔다. 열심히 벽돌을 쌓아 올리던 벽돌공은 갑자기 자신의 키보다 높은 벽을 미련 없이 허물어뜨리는 것이 아닌가?

"어렵게 쌓아 올린 벽을 허무는 이유가 뭐죠?"

칼라일의 물음에 벽돌공이 말했다.

"아랫부분이 잘못되었으니까요."

칼라일은 그런 벽돌공의 모습을 보고 다시 글을 쓰기로 마음먹었고, 그렇게 해서 탄생한 것이 바로《프랑스 혁명사》다.

좌절 앞에 무릎 꿇고 포기하느냐, 다시 일어서느냐 하는 것은 순간의 선택이다. 우리에게는 항상 두 가지 카드가 주어진다. 그리고 결과는 우리의 선택에 달려 있다.

창조와 결실의 적은 중도에 포기하는 것이다. 다시 시작하기만 한다면 그 어느 때라도 결코 늦은 것이 아니다.

될 때까지 해보자

사람들은 각자 마음의 습관대로 살아간다. 마음속에서 일어난 생각이 말이 되고 행동으로 나타나는 것이다.

"다시 시작하고 싶지만 지금은 상황이 너무 안 좋은 것 아닐까?"

"다들 어려운 때 나라고 성공할 수 있을까?"

두 가지 말투에 담긴 마음의 습관은 두려움, 의심, 불안, 자기 비하 등 부정적인 것뿐이다. 이런 마음가짐으로는 다시 시작하기도 어렵고 설령 시도한다 해도 성공할 가능성이 크지 않다.

마음의 습관을 바꾸려면 어떻게 해야 할까?

"어려워도 다시 해보는 거야."

"이번에는 반드시 성공하고 말 거야!"

남들이 어렵다고 해도 나는 할 수 있다고 끝없이 자신을 부추겨야 한다. 희망, 신념, 자신감으로 마음의 습관을 바꾸면 스스로 장담한 말이 현실이 될 수 있다.

어떤 일이든 결심하기가 어렵지 일단 시작하고 나면 어느 순간 가속도가 붙게 마련이다.

어렵지만 유익한 소설을 읽을 때 처음에는 좀처럼 책장이 넘어가지 않는다. 몇 번이나 책을 다시 펼쳤다 덮기를 반복한다. 그러나 지루함을 꾹 참고 계속 읽다 보면 조금씩 내용이 눈에 들어오기 시작한다. 그러다 어느 순간 다음 이야기가 궁금해서 한순간도 책에서 눈을 뗄 수가 없다.

일도 마찬가지다. 시작할 때는 모든 게 낯설고 불안하다. 신중하게 접근했어도 실수할 수도 있고 난데없이 복병을 만나기도 한다. 그러나 위기는 위기일 뿐 끝이 아니라는 생각으로 고비를 넘기면 마침내 가시적인 성과가 나타나기 시작한다.

이때의 성과는 아주 작은 것일 수도 있다. 책으로 치면 아직 절반은 더 읽어야 하는 상황이다. 결말을 보기 위해서는 더 나아가야 한다. 앞으로 나아갈수록 성공에 대한 호기심이 더욱 생긴다. 한번 작은 성과를 맛보았으니 더 큰 성과를 기대하며 나아가게 되고, 이때부터는 가속도가 붙어 점점 정상을 향해 다가서게 되는 것이다.

시작은 누구나 같다. 똑같이 목표를 세우고 그것을 향해 나아가지만 결국 성공이라는 결실을 보지 못하는 이유는 언제나 포기가 너무 빠르기 때문이다.

상대의 관심사에 답이 있다

"업무상 처음 만나는 상대와 대화를 나누어야 할 때가 많은데 상대의 마음을 열기가 쉽지 않습니다. 이럴 때는 어떤 방법이 좋을까요?"

언젠가 청와대 명사 초청 특강에 초대되었을 때 한 청중으로부터 이런 질문을 받았다.

"상대에게 도움을 주려는 사람으로 인식되는 순간 대화는 순조롭게 흘러갑니다."

청중들의 시선이 일제히 나에게 쏟아졌다. 아직은 무슨 말인지 이해되지 않는 모양이었다.

특수한 업무로 대화를 나눌 때는 보편적으로 긴장 속에서 이야기를 계속 이어가게 된다. 그러나 이런 때일수록 자연스럽게 대화를 유도해야 한다.

조금이라도 친근감이 형성되지 않은 상태에서 바로 본론으로 들어가면 자칫 상대가 마음의 문을 닫아버릴 수 있다.

긍정적인 분위기를 만들려면 먼저 상대의 심중을 파악해야 한다. 상대의 짧은 말이나 표정, 말투, 사소한 동작을 통해 관심사나 당면한 문제에 대해 어떤 고민이 있는지 등을 알 수 있다. 어떤 주제에 대해 이야기할 때 갑자기 목소리 톤이 약간 높아지거나 표정이 밝아지고 행동이 부산스러워지면 그 사람의 관심사일 가능성이 크다.

가령 자녀의 안부를 물었는데 대답을 회피하는 듯하면 아이가 공부를 기대만큼 잘하지 못하는 경우일 수도 있다. 오죽하면 고3 자녀 있는 집에 자식 안부 묻지 말고 노처녀 있는 집에 딸 혼사 소식 묻지 말라는 말이 있겠는가. 이럴 때는 다른 방식으로 이야기를 꺼내야 한다.

"우리 애는 공부에 취미가 없어서 한동안 속을 썩이더니 요즘은 완전히 달라졌답니다."

툭 던진 한마디에 "어떻게요?"라는 반응이 오면 대화는 자연스럽게 이어질 수 있다. 상대에게 도움이 된다 싶으면 적극적으로 방법을 설명해준다. 그러나 상대가 잠깐 호기심을 내비치다 이내 어두운 표정을 보인다면 이럴 때는 간단하게 끝내고 다른 화제로 넘어가는 것이 좋다.

아주 친밀하지 않은 관계에서 위로는 되도록 짧게, 좋은 일은 되도록 유쾌하게 얘기하며 공감대를 형성해가는 것이 중요한데, 이때도 공과 사를 분명히 구분해야 한다.

이렇게 해서 상대의 마음이 어느 정도 열렸을 때 도울 수 있는 부분에 대해 진지하게 의견을 제시하면 경계심을 갖고 있던 상대도 조금씩 호감을 가지고 다가올 것이다. 마음의 문은 억지로 열 수 있는 게 아니므로 언제나 세심한 주의가 필요하다.

나를 아껴주는 이웃이 나의 힘이다

어려울 때는 멀리 있는 친척보다 가까이 지내는 이웃이 낫다는 말도 있지만 옆집에 산다고 다 이웃은 아니다. 멀리 떨어져 있어도 진심으로 내가 잘되기를 바라고 응원해주는 사람이 진정한 이웃이다.

당신에게는 그런 이웃이 몇 명이나 있는가?

많을수록 좋겠지만 그런 이웃을 만들기가 쉬운 일은 아니다.

진실한 친구 세 명만 있어도 그 인생은 성공한 것이라는 말이 있듯이 진심으로 나를 지지하는 사람을 만드는 것은 삶에서 중요한 일인 만큼 그 어떤 일보다 어렵다.

특히 비즈니스 현장에서는 사람의 소중함을 절실히 느낀다. 어떤 일을 하든 역경이 따르게 마련인데, 그때마다 혼자 살아가기 힘든 게 세상이라는 것을 새삼 자각한다.

그러나 우리는 이러한 사실을 시시각각 망각할 때가 많다. 사람 '인(人)'의 두 획은 서로 의지하고 서 있는 두 사람을 상징하는 것이 아닌가. 사람은 서로에게 버팀목이 되어 살아간다는 뜻이다.

고객을 대할 때는 자신의 이익에 앞서 순수한 마음으로 많은 것을 베풀 수 있어야 한다. 모든 일을 돈의 가치로만 환산할 때는 사람이 보이지 않는다.

비즈니스도 결국 사람과 사람의 일이다. 업무와 연관된 일이 아니라도 경우에 따라 도움이 필요한 일이 있으면 힘닿는 데까지 관심을 써줄 수 있어야 한다. 고마움을 느낀 사람은 결국 나를 아끼고 신뢰하게 되며 그런 사람이 많아지면 자신의 존재감도 확대된다.

이것이 사람을 남기는 거래를 해야 하는 이유다.

새로운 도전이 나를 가슴 뛰게 한다

퇴근 무렵 전화를 통해 회사 관계자로부터 내가 10연패 이후 4년 만에 다시 '전사(全社) 그랜드챔피언'에 최종 확정되었다는 소식을 들었다.

공교롭게도 이 무렵 타이거 우즈는 전미 PGA투어 아널드파머 인비테이셔널(총 상금 620만 달러)에서 우승을 차지하며 2년 5개월 만에 세계 랭킹 1위로 복귀했다. 그보다 열흘 전쯤에는 피겨 여왕 김연아가 캐나다에서 열린 2013국제빙상경기연맹(ISU) 세계피겨선수권대회 여자 싱글 부문에서 무결점 연기로 2위와 큰 격차를 벌이며 우승을 차지했다. 텔레비전으로 생중계된 김연아의 경기 모습은 손에 땀을 쥐게 하는 감동의 도가니 그 자체였다.

김연아는 2010년과 2011년 세계선수권대회에서 잇따라 준우승에 그쳐 아쉬움을 남기기도 했는데 이번에 정상에 오르며 피겨 여왕의 귀환을 전 세계에 알렸다. 2010년 밴쿠버 동계올림픽에서 금메달을 목에 걸어 한국 피겨를 세계 정상에 올려놓은 김연아가 다시 한 번 신기원을 열어젖힌 것이다.

2009년에 10년 연속 그랜드챔피언이 된 후 4년 만에 다시 오르게 된 1위 자리. 김연아의 성공적인 복귀와 우즈의 정상 재탈환의 감동이 이어지던 때에 전해진 소식이어서 더욱 감회가 새롭고, 말할 수 없는 벅찬 감정이 밀려왔다. 10연패를 달성하던 그때의 격정 이상으로 가슴 깊이 뭔가 몰려오는 것이었다. 그것은 자신에 대한 확신, 또는 늘 부족하지만 변함없이 고객들로부터 사랑받았다는 어떤 자부심 같은 것이었는지도 모른다.

김연아와 타이거 우즈도 그와 비슷한 감정을 느끼지 않았을까 하는 생각이 들었다. 분명 그들의 정상 재탈환과 재기에는 나름대로 치열하고도 간절한 이유가 있었으리라.

정상에는 쉴 곳이 없다

흔히 말하듯이 정상에 이르기보다 그 자리를 지키기가 더 어려운 법이다. 어쩌면 그들도 정상에서 멀어진 자신을 지켜보는 수많은 사람들을 향해 나름의 설명이 필요했던 건 아닐까?

정상에 서 있던 타이거 우즈는 실연과 스캔들로 추락을 맛보았다. 그는 아마도 자신을 향한 조롱과 질시의 시선들을 마주하며 재기의 칼날을 수없이 갈았는지도 모른다.

김연아 역시 갈채와 존경의 스포트라이트를 받았지만 그 이면에는 아픔도 있었다고 한다. 본인의 의도와 다르게 상업주의에 빠져 재기하기 쉽지 않을 것이라는 등 떠들기 좋아하는 사람들의 따가운 눈총과 마주쳤던 모양이다.

그럴 때 그들은 처음보다 두 배, 네 배, 아니 열 배, 백 배 더 노력해서 사람들 앞에 자신의 건재함을 증명해 보이고 싶었을 것이다. 결코 뒤처지는 것을 허용하지 않기에 정상은 외롭다.

나 역시 그랬다. 남들은 한 번 하기도 어렵다는 보험왕을 내리 열 번이나 달성해 우리나라 보험 역사상 전무한 기록인 '그랜드 챔피언 10연패'를 이룩했다. 개인적으로도 더없는 영광이었다. 그 일로 축하도 많이 받았고 주변의 숱한 부러움도 샀다.

그러나 10연패 이후 FC 최초로 명예 임원이 되면서부터 연도상 평가와는 한발 비켜선 법인 퇴직연금 홍보대사로 활동하게 되었다. 퇴직연금 부문에서 엄청난 실적을 내고 있었지만 그전까지 자주 노출되던 언론에서 볼 수 없었으므로 사람들이 궁금하게 생각했다.

법인사업장을 그렇게 뛰어다녔지만 사람들은 예영숙이 보이지 않는다며 숱한 소문을 만들어냈다. 구설을 잠재우려면 다시 챔피언이 되어 나를 보여주는 수밖에 없었다.

주변에서 우려하는 목소리도 있었지만 나는 충분히 가능하다고 믿었다. 도전은 나를 바로 세우기 위한 불가피한 선택이었다. 한동안 느슨해졌던 내 안의 열정 DNA가 팽팽히 긴장하면서 핵분열을 하듯 연동작용을 일으켰다. 이번 승리는 그 어느 때보다 빛날 것이라는 확신이 최면처럼 나를 이끌었다.

1등의 자리를 지키는 것은 움직이는 러닝머신 위를 달리는 것과 같다. 그 속도만큼 함께 움직여야 하기 때문이다. 그렇지 않으면 쓰러지거나 자신도 모르는 사이에 다른 곳으로 옮겨질 수밖에 없다. 정지하거나 쉬는 순간 이미 그 자리를 벗어난다. 선수가 경기장을 벗어나면 더 이상 선수가 아니듯이 세일즈맨은 현장을 떠나는 순간 존재의 의미를 잃는다.

정상 재도전은 그래서 시작되었고 앞으로도 계속 이어질 것이다. 4년 만에 다시 정상에 오른 것은 잊혀진 승리에 대한 나의 힘찬 날갯짓이었다.

나는 정상에 다시 선 것에 만족하지 않는다. 정상으로 향하는 그 마음이 나를 충만하게 하고, 정상으로 향하는 과정이 행복하기 때문이다. 그러므로 나는 또다시 나아갈 것이다.

정상은 끊임없이 도전하는 사람들이 있기에 더욱 매력적이다. 세찬 바람을 견뎌낸 나뭇가지가 더 힘이 넘치고 운치 있는 것처럼 말이다.

일상의 모습이 평판을 결정한다

평판에 대한 기준은 매우 종합적이다. 그 사람의 단면만을 보는 것이 아니라 사소한 일상의 모습을 통해 보여지는 이미지가 하나둘 쌓이면 그것이 평판이 된다.

여러 사람들을 상대하는 직업을 가진 사람에게 평판은 특히 중요하다. 한두 사람에게 좋은 말을 들었다고 해서 그것이 일반적인 평판이 될 수는 없다. 사람마다 기준이 다른 만큼 누군가로부터 전혀 다른 평판을 들을 수 있기 때문이다.

여러 사람들의 평판이 비교되고 혼합되면서 그중 무게가 실리는 쪽으로 정해지는 것이 그 사람의 평판이다. 정치인이나 연예인

등 대중의 시선을 의식할 수밖에 없는 사람들이 평판에 신경 써야 하는 것도 그런 이유에서다.

사람에 대한 평판은 예의를 갖추거나 긴장해야 하는 특별한 상황보다 일상의 사소한 일들로 굳어지는 경향이 강하다. 가령 업무상으로는 거의 실수하지 않는 사람이 사적인 약속에 무신경한 모습을 보일 때 더 크게 실망하는 법이다. 이런 일이 몇 번 되풀이되면 자연히 부정적인 평판이 나올 수밖에 없다.

"고객들에게 좋은 평판을 들으려면 어떻게 해야 할까요?"

세일즈맨들을 대상으로 한 특강에서 이와 같은 질문을 받고 나는 이렇게 대답했다.

"항상 맞선 보러 가는 마음가짐으로 고객을 대하면 됩니다."

고객을 만나는 것은 모르는 남녀가 맞선을 보는 것과 같다고 생각한다. 맞선 보는 자리에 대충 준비하고 나가는 사람은 거의 없다. 옷차림부터 헤어스타일, 구두, 가방까지 완전히 갖추고 약속 장소에 나가게 마련이다.

그런 자리에서는 자신의 외모뿐만 아니라 말 한 마디, 행동 하나도 여간 조심스러운 게 아니다. 처음 만나는 사람을 평생 고객으로 만들려면 항상 이런 마음과 태도를 잃지 말아야 한다. 바로 이것이 지속적으로 호감을 유지하고 좋은 평판을 얻는 열쇠다.

좋은 평판이 좋은 인맥을 만든다

좋은 평판을 얻으려면 일상생활에서도 늘 한결같은 태도가 몸에 배어 있어야 한다. 그렇지 않으면 어느 순간 자기도 모르게 실수를 범할 수 있기 때문이다.

함께 여행을 떠나보면 그 사람의 진짜 모습을 알게 된다는 말이 있다. 일상을 함께 나누는 가운데 평소에는 알지 못했던 습관들이 비로소 눈에 들어오기 때문이다.

사소한 태도, 약속이나 부탁을 처리하는 방식, 운동이나 여가를 즐기는 모습 등 무심코 보여지는 평소의 모습들 모두 평판의 기준이 된다.

점잖은 자리에서 함부로 말하거나 술만 먹었다 하면 실수하는 사람의 평판이 좋을 리 없다. 대외적으로 좋은 이미지를 가진 사람 중에 바둑을 두거나 골프를 치다가 게임이 마음먹은 대로 풀리지 않으면 얼굴 표정부터 바뀌는 사람이 있다. 이러한 것 역시 평판에 좋지 않은 영향을 미친다.

평판은 곧 일상의 태도라고 할 수 있다. 공식적인 일이나 업무상 중요한 일만 잘하면 된다고 생각하는 것은 큰 오산이다. 또한 특별한 위치에 있는 상대만 중요하게 여기고 늘 보는 주변 사람들은 아무렇게나 대해도 된다는 안이한 생각 또한 평판을 그르친다.

따라서 일상의 사소한 태도까지 소홀히 하지 않으려는 노력이 필요하다. 나는 언제부터인가 사감 선생이라는 별명을 얻게 되었다. 직장에서와 마찬가지로 일상에서도 때로는 딱딱하다는 소리를 들을 정도로 작은 일에도 경우와 기본을 지키려고 하기 때문이다. 내 자신이 가끔 불편할 때도 있지만 어쩌면 이것이 가장 나다운 것인지도 모른다.

자기의 평판은 자기를 잘 아는 사람이 만드는 것이지 모르는 사람이 만드는 것이 결코 아니다. 내 주변에서 나의 일상을 자주 보고 경험한 사람이 바로 내 평판의 근원지라고 생각하면 좋은 습관이 몸에 밸 수밖에 없다.

치열함이
강한 나를 만든다

몸무게가 1백 그램밖에 나가지 않는 북극제비갈매기는 해마다 무려 7만 킬로미터를 여행한다. 서울에서 뉴욕까지 거리가 1만 1천 킬로미터 정도인 것을 감안하면 엄청난 거리다. 이 갈매기의 수명이 30년가량이니 평생 지구에서 달까지 세 번 왕복하는 셈이다.

과학자들이 북극제비갈매기 11마리의 몸에 위치추적기를 달아 조사해보니 절반은 남아메리카 쪽으로 날아갔고, 나머지는 아프리카 해안으로 날아갔다. 비록 다른 경로로 날아갔지만 이들 모두 다시 북극으로 돌아왔다. 그런데 이 갈매기들이 북극으로 돌아올 때는 'S'자 형태로 날아 남쪽으로 갈 때보다 두 배 정도 먼 길을 돌아오는 것이었다.

과학자들은 이 새들이 S자 경로로 비행하는 이유가 대서양을 건너갈 때 항상 일정한 방향으로 부는 무역풍과 편서풍을 이용하기 위한 것이라고 추측했다. 즉 바람을 이용해 에너지를 절약하려는 것이다. 비록 거리는 두 배 더 멀지만 자신의 힘을 비축할 수 있으므로 더 효율적이었던 것이다.

온순하고 우아한 자태를 지닌 줄기러기는 해마다 봄이면 인도에서부터 날아올라 히말라야를 넘어 티벳까지 날아간다. 고도가 워낙 높아 기압은 급격히 낮아지고 기온은 영하 수십 도까지 떨어지는 데다 산소도 지상의 3분의 1 정도밖에 안 되는 상황에서 줄기러기는 9천 미터 상공을 거침없이 뚫고 나간다.

줄기러기는 에너지 소모를 최대한 줄이기 위해 빠른 순풍을 탈 수 있는 높은 고도를 유지하며 우회하지 않고 정면으로 날아간다. 이렇게 해서 줄기러기는 하루 만에 히말라야를 넘어 티벳 공원까지 1천 6백 킬로미터를 단숨에 날아간다.

아무리 힘들고 어려운 환경이나 조건에서도 유리한 점과 장점을 찾을 수 있다. 열정이 있는 사람은 그것을 발견해 더 멀리, 그리고 더 높이 날아간다. 생존을 건 치열함이 있다면 어떠한 것도 악조건이 될 수 없다.

나를 벼랑 끝으로 내몰아라

"예영숙 씨는 대구에서 활동하면서 어떻게 매번 1등을 하세요?"

사람들이 많이 궁금해하고 의아해하는 점 가운데 하나가 이것이다. 나는 이렇게 물어볼 때마다 "열심히 다니는데 서울 대구 부산이 따로 있나요?"라고 대답한다.

실제로 나는 대구를 기반으로 활동하지만 고객은 서울에 더 많다. 내가 어느 한곳을 정해두지 않고 뛰는 이유는 늘 긴장감을 늦추지 않기 위해서다. 대구는 나의 베이스캠프이고 서울은 전진기지인 셈이다.

KTX가 개통되기 전에는 국내선 비행기가 나의 행동 반경을 넓혀주는 핵심 수단이었다. 시간은 늘 부족했고 식사 시간도 따로 없었다. 식사는 시간 날 때 간단하게 해결하는 게 습관이 된 지 오래다.

KTX는 마치 나를 위한 선물 같았다. 그동안 서울로 옮겨서 활동하라고 조언하는 사람들도 많았다. 그러나 어느 순간 훈장처럼 빈혈과 만성 속쓰림을 얻고, 때로는 하루에 왕복 6백 킬로미터를 이동해야 하는 힘든 날도 있지만, 나는 계속 대구에 기반을 두고 있고 앞으로도 그럴 것이다. 늘 초심을 유지하기 위해서다. 이 일을 처음 시작하고, 좌절을 맛보고, 다시 일어선 곳도 이곳이기 때문이다.

악조건에서는 그것을 충족하기 위해 반드시 새로운 방안을 강구하게 마련이다. 어려운 상황에 처할수록 더 절실하게 대안을 찾지 않으면 살아남을 수 없기 때문이다.

모든 조건이 갖추어진 안정된 곳에서는 치열함이 떨어질 수밖에 없다. 나는 긴장 속에서 날마다 새롭게 나 자신을 담금질할 때가 좋다. 더욱 강해지는 내 자신을 느끼기 때문이다.

늘 치열함과 긴장 속에 나를 세우는 것, 이것이 오늘의 나를 있게 했다.

열정을 갖고 사는 사람에게 악조건이란 없는 것이다. 주어진 어떤 힘든 상황이나 조건도 자신에게 유리한 것으로 만들기 때문이다. '최악의 상황'이나 '불가항력적인 어려운 상황'은 승자의 말이 아닌 실패한 사람의 말이다.

나만의 원칙을 세워라

원칙이 흔들리면 모든 것이 흔들린다

나란히, 혹은 뒤에 서는 리더가 돼라

타면자건, 얼굴에 뱉은 침은 마를 때까지 기다린다

바다는 세상의 가장 낮은 곳에 있다

넘침을 경계하라

사소하지만 강한 것, 디테일의 힘

정상은 자만하지 않는 자의 것이다

가슴으로 말할 때 상대의 심장이 움직인다

원칙이 흔들리면 모든 것이 흔들린다

나란히, 혹은 뒤에 서는 리더가 돼라

타면자건, 얼굴에 뱉은 침은
마를 때까지 기다린다

'왜 다들 저런 눈으로 나를 바라보는 걸까?'

접시를 들고 자리에 앉으려는 순간 얼굴이 화끈거리는 것을 느꼈다. 모든 사람들의 시선이 내 접시에 쏠린 것이었다.

어색한 분위기가 느껴진 순간 어디 쥐구멍이라도 있으면 들어가 숨고 싶은 심정이었다. 즐거워야 할 여행을 가슴 아픈 추억으로 만든 일의 발단은 접시에 담긴 3인분의 스테이크였다.

보험왕으로 등극한 지 얼마 되지 않아 동료들과 포상 휴가 겸 미국으로 연수를 갔을 때의 일이다.

연수 마지막 날은 로스앤젤레스의 유명 뷔페에서 오찬을 하기로 되어 있었다. 그때만 해도 1등이 가지는 부담 등으로 매사 행동 하나하나가 무척 조심스러웠다.

낯선 요리를 뒤로하고 야채가 많이 들어간 쌀국수와 몇 가지 음식을 담아 코너를 돌아오는데 한쪽에서 스테이크를 굽고 있었다. 사람들이 줄 서 있는 것을 보고 나도 그 뒤에 섰다.

"저, 내 것도 좀 받아주실래요?"

"내 것도요."

내 차례가 될 때쯤 동료들이 다가와 부탁을 했다. 앞줄을 살펴보니 그래도 될 듯해 흔쾌히 동료들의 부탁을 들어주기로 했다.

나는 진땀깨나 흘리면서 쌀국수와 스테이크 3인분을 담아 일행들이 앉은 자리로 갔다. 그런데 나보다 먼저 와 있던 사람들이 수군거리는 소리가 들렸다.

"저 많은 걸 어떻게 다 먹으려고……."

"이 뷔페식당은 가져온 음식들이 다 계산된다고 하던데……."

나에게 스테이크를 받아달라고 부탁한 사람들도 그 순간 아무 말이 없었다. 한국에서는 좀처럼 보기 힘든 두툼하고 넓직한 여러 개의 고깃덩어리를 보는 순간 마음이 상했다.

"여기 스테이크 부탁한 분들 가지고 가세요."

그렇게 해서 대신 받아온 음식을 그들에게 주고 오해가 풀리기는 했지만 돌아오는 비행기 안에서도 본의 아니게 웃음거리가 되었다는 생각에 마음이 불편했다.

한 뼘의 여유가 큰 사람을 만든다

귀국한 뒤에도 뜻밖의 상황에서 나를 이상한 사람으로 만든 이들에 대한 서운함이 계속 가시지 않았다. 우연히 대학 시절 은사님을 만나 대화를 나누던 중 그 이야기를 하자 그분이 말씀하셨다.

"누가 갑자기 다가와서 얼굴에 침을 뱉었을 때 어떻게 하는 것이 가장 지혜로운 일일까?"

"글쎄요……."

그러자 은사님이 중국 고사 하나를 들려주었다.

당나라 재상 누사덕은 동생이 큰 벼슬을 하자 이렇게 물었다.

"우리 형제가 다 같이 출세하고, 황제의 총애를 받는 것은 좋은 일이나, 그만큼 남들의 시샘도 클 것이다. 그렇다면 그러한 시샘을 면하기 위해서는 어떻게 처신하면 되겠느냐?"

동생이 대답했다.

"비록 남이 내 얼굴에 침을 뱉더라도 결코 화내지 않고 잠자코 닦겠습니다. 매사 이런 식으로 사람을 응대하여 결코 형님에게 누를 끼치지 않도록 하겠습니다.”

그러자 누사덕이 말했다.

“내가 염려하는 것이 바로 그것이다. 어떤 사람이 너에게 침을 뱉는다면 그것은 너에게 뭔가 크게 화가 났기 때문일 것이다. 그런데 네가 그 자리에서 바로 침을 닦으면 상대는 틀림없이 더 기분이 상할 것이다. 침 같은 것은 자연히 마를 테니, 닦지 않고 그냥 두는 것이 제일이다.”

‘타면자건(唾面自乾)’, ‘누군가 내 얼굴에 침을 뱉으면 닦지 말고 저절로 마를 때까지 기다리라’는 뜻이다.

잠시잠깐 흘려보내면 될 일로 분노하면 큰 싸움이 일어나기도 하고, 잘 지내던 사람들이 평생의 원수가 되기도 한다. 심지어 그로 인해 그동안 쌓아둔 소중한 명예와 재산, 인간관계를 몽땅 잃는 경우도 있다.

아무것도 모르고 한창 현장을 뛰어다니던 입사 초기에는 이런저런 시행착오를 많이 겪었다. 일을 하다 보면 마음이 상하고 그것 때문에 한동안 가슴앓이를 할 때도 많았다. 그러나 이 또한 지나고 보면 하찮은 일에 지나지 않았다.

은사님의 말씀은 큰 위로가 되었고 그동안 혼자 마음으로 힘들어했던 내 자신이 부끄러웠다. 마음고생이란 것도 결국은 분노의 표현이었던 것이다. 한 뼘만 더 여유를 가지면 구태여 힘들게 참

아내고 말고 할 것도 없다. 설혹 누군가 경우에 어긋나는 행동을 하더라도 얼굴에 침을 뱉는 것에 비하면 아무것도 아니다.

그 뒤부터 때에 따라서는 듣기 힘든 말을 하는 상대 앞에서도 잠시 숨 고르기를 통해 표정 관리를 할 수 있는 여유가 생겼다.

마음을 크게 먹는 순간 세상은 나를 향해 더 크게 문을 열어준다.

남들처럼만 해서는 성공할 수 없다.

누구나 스스로 한계를 넘어설 때 진정한 성장이 이루어진다. 오늘도 나는 나의 한계를 시험하고 있다.

바다는 세상의 가장 낮은 곳에 있다

테레사 수녀는 아프리카에서 고아들을 위해 봉사 활동을 하면서 수시로 기금을 모으러 다녔다. 그날도 아이들과 함께 시내 곳곳을 돌아다니며 모금 활동을 벌이던 테레사 수녀는 한 맥줏집으로 들어갔다.

"아이들이 굶주리고 있습니다. 조금만 도와주세요."

테레사 수녀가 아이들을 데리고 나타나자 술집 안에 있던 손님들이 힐끔거리며 쳐다보았다.

"뭐야, 기분 잡치게!"

그러더니 갑자기 취객 하나가 테레사 수녀를 향해 맥주를 끼

었었다. 사람들의 시선이 일제히 그쪽으로 향했을 때 테레사 수녀가 말했다.

"저에게 맥주를 선물하셨군요. 이 불쌍한 아이들을 위해서는 무얼 선물하시겠습니까?"

그녀가 조용히 미소 지으며 그를 바라보았다. 순간 술집 안은 찬물을 끼얹은 듯 조용해졌다.

잠시 후 그곳에 있던 젊은 여성이 수줍게 다가와 모금함에 돈을 넣었다. 이어 다른 손님들도 하나둘씩 자리에서 일어나 모금함에 돈을 넣었다.

어느새 숙연하게 앉아 있던, 술을 끼얹었던 그 남자도 일어나 모금함 앞으로 왔다. 그가 기부를 하려고 지갑에서 돈을 꺼내는 순간 명함이 바닥에 떨어졌다. 테레사 수녀는 그의 명함을 집어들고 친절하게 건네며 말했다.

"고맙습니다. 이 아이들이 선생님의 이름을 기억할 겁니다."

테레사 수녀를 생각하면 '바다의 리더십'이 떠오른다. 바다는 차가운 심연을 가지고 때로는 무섭고 거칠게 휘몰아치기도 하지만 모든 강물을 포용하는 생명의 근원이다. 가슴이 답답하고 힘들 때 사람들이 찾는 곳도 탁 트인 바다다. 실의에 빠져 있거나 목표를 잃고 방황하는 사람들이 위로받기에 바다만큼 편안한 곳이 없다.

나는 특별한 날 가끔 가족과 함께 바다를 찾는다. 아무리 큰 시련도 바다 앞에 서면 한 알의 모래만큼 가벼워지고 세상을 향해 도전할 힘을 얻게 된다. 바다는 언제나 모든 것을 받아들일 준비가 되어 있다.

항상 낮은 곳에서 세상의 모든 것을 받아들이는 바다를 보면서 나는 많은 것을 배운다.

노자는 《도덕경》에서 "바다가 모든 골짜기의 왕이 될 수 있는 까닭은 스스로를 낮추기 때문이다"라고 했다.

어느 자리에서나 항상 겸손하게 몸을 낮추기란 쉽지 않다. 남보다 조금 우위에 섰다 싶으면 허세를 부리고 교만해지기 쉽다. 이런 때일수록 자기를 낮추는 겸양의 지혜가 필요한데도 오히려 스스로 권위를 내세우다 낭패를 겪는 경우가 얼마나 많은가?

따지고 보면 크고 작은 갈등은 모두 자신을 낮추기보다 더 높이려는 욕심 때문에 일어난다.

상대의 심장을 파고들어라

모든 미덕은 겸손에서 시작된다. 자신을 낮추는 습관이 몸에 밴 사람들은 남에게 감동을 준다.

사무기기 전문기업 '제록스'의 CEO 겸 회장 앤 멀케이는 복사기 판매원으로 시작해서 최고경영자에 오른 입지전적인 인물이다.

그녀가 회장으로 취임했을 때 제록스는 심각한 경영난과 회계부정 스캔들로 파산 위기에 처해 있었다. 그녀가 쓰러져가는 기업을 살리기 위해 가장 먼저 한 일은 회사 경영진에 대한 직원들의 신뢰를 회복하는 것이었다.

그녀는 새벽부터 밤늦게까지 전 세계 영업소에 대화 채널을 열어놓았다. 전화나 이메일로 부족하면 어느 곳이든 직접 달려가 사람들을 만났다.

언제 어디서나 스스로 자신을 낮추며 진솔하게 대화에 임하는 그녀의 모습은 구성원들에게 공동체의식을 심어주었고, 기업이 회생하는 데 결정적인 역할을 했다.

"이 회사에 다니는 것이 더 이상 자랑스럽지 않을 줄 알았는데, 내가 잘못 생각했다는 것을 깨달았다."

그녀의 열성적인 노력으로 회사의 경영이 호전되었을 때 한 간부가 인터뷰에서 한 말이다. 미국의 경제계 인사들은 그녀가 그 흔한 MBA(경영학 석사 학위) 하나 없이 오로지 자신의 힘으로 놀라운 기적을 이뤄냈다는 사실에 찬사를 보냈다.

그녀가 위기에 빠진 기업을 살려낸 힘은 과연 어디에서 나왔을까?

나는 그 힘이 바로 겸손에서 나온 것이라고 믿는다. 최고경영자라는 자리에 연연하지 않고 열심히 일하는 그녀의 겸손한 모습이 구성원들의 감동을 이끌어냈고 결국 그들 스스로 따라오게 만들었던 것이다.

바다가 보여주는 또 다른 미덕은 무한한 포용력이다. 중국 최고의 여성 갑부로 알려진 푸후아인터내셔널의 첸 리후아 회장은 포용력의 대가라고 할 수 있다.

그는 항상 사업가는 비용을 아끼지 말아야 한다고 강조하며 "버릴 것은 버려야 얻는 것이 있다"고 말한다.

사업가로서 첸 리후아 회장이 강조하는 원칙은 무엇보다 사람을 중시한다는 것이다. 이런 그의 경영철학은 다음의 사례에도 잘 나타난다.

홍콩에 본사를 둔 푸후아인터내셔널은 5년간 중국에서 야심차게 종합쇼핑몰 프로젝트를 추진 중이었다. 그러나 이 계획은 시작부터 난관에 부딪혔다. 현지에서 철거민들이 들고일어난 것이다.

첸 리후아 회장은 60대의 나이에도 불구하고 17일 동안 철거민들과 함께 현장에 머물며 그들의 이야기에 귀 기울였다. 그리고 그들의 고충을 최대한 해결해줌으로써 20일 만에 무리 없이 협상을 이끌어냈다.

현지인들의 고충을 두루 헤아려 그들의 마음을 움직인 이

사건은 해외 언론에도 화제가 되었다. 첸 리후아 회장은 미국의 오바마 대통령, 중국의 시진핑 주석과 함께 2012년 타임 선정 '세계에서 가장 영향력 있는 100인'에 포함되었다. 타임은 그녀를 선정한 이유로 공익을 우선시하는 경영자로서의 모습이 타의 귀감이 될 만하기 때문이라고 밝혔다.

스스로 겸손할 줄 아는 사람이 모든 것을 포용할 수 있다. 지위의 높고 낮음은 중요하지 않다. 낮은 곳에서 모든 것을 감싸 안는 것, 즉 진심으로 상대의 입장을 존중하는 마음을 가졌을 때 사람은 어떤 갈등도 극복할 수 있는 힘을 얻는다.

넘침을 경계하라

조선 후기에 천재적인 사업 수완을 발휘해 중국과의 무역에서 막대한 이윤을 남긴 거상 임상옥은 늘 계영배를 지니고 다녔다. 계영배는 7할 이상 술이 채워지면 밑으로 흘러내리는 잔으로 '넘침을 경계하라'는 속뜻을 가지고 있다.

임상옥이 지니고 다닌 계영배에는 "가득 채워 마시지 말기를 바라며, 너와 함께 죽기를 원한다"는 문구가 새겨져 있었다고 한다.

"장사란 이문보다 사람을 남기는 것이다. 사람이야말로 최고의 이문이며, 신용이야말로 최대의 자산이다."

임상옥은 이 말을 지키기 위해 자신의 욕심을 경계하자는 뜻으로 늘 계영배를 지니고 다닌 것이다. 욕심을 부리는 순간 신용을 잃게 되고 신용을 잃으면 가장 중요한 사람을 잃기 때문이다.

"그때 투자를 접었어야 했는데……."

"그 공장은 짓지 말았어야 했는데……."

사업이 어느 정도 된다 싶을 때 내실을 다지기보다 좀더 확장하고자 하는 욕심이 고개를 들게 마련이다. 그러나 과욕에는 무리가 따르고, 그렇게 되면 판단력이 흐려져 실패하기 쉽다.

투자도 마찬가지다. 더 많은 수익을 얻고자 자신의 자산 규모를 넘어서서 무리하게 투자하다 보면 그나마 갖고 있던 것까지 내놓아야 할 수 있다. 계영배처럼 30퍼센트를 더 가지려다 남은 70퍼센트마저 잃게 되는 것이다.

나아갈 때가 언제인지도 알아야 하지만 멈출 때를 아는 것도 자신의 자산을 지키는 하나의 방편이다.

부족함이 아니라 여백이다

90억 재산가는 1백억을 채우고 싶어 한다. 이 사람은 자신이 가진 90억은 보이지 않고 어떻게 하면 10억을 더 모을 수 있을지 밤낮으로 고민한다. 9백억 재산가는 1천억을 채우기 위해 동분서

주한다. 멈출 줄 모르면 90억 재산가나 9백억 재산가나 힘들기는
매한가지다.

VIP 마케팅을 처음 시작했을 때 나는 그런 자산가들의 문제
점을 해소하는 데 주력했다. 백억에서 10억이 부족하고 천억에서 백
억이 부족하다고 여기면 오직 부족분을 채우는 데 경제활동의 초
점이 맞춰진다. 그러나 부족한 정도로 목표를 차질 없이 달성하고
그것을 채웠다고 여긴다면 그다음에는 그것을 어떻게 유지 관리할
것인가에 초점이 맞춰진다.

나는 그런 유지 관리를 잘해야 나머지 부분도 채울 수 있음
을 계영배의 교훈을 통해 설득하고, 포트폴리오를 구성하여 생각
의 방향을 달리할 수 있도록 도왔다.

그때는 특히 자산의 대부분이 부동산에 편중되어 있어 현금
부족으로 곤란을 겪는 사람들이 많았다. 자신이 가진 자산만큼 삶
의 질이 높아져야 하는데 부동산 구입에 따른 대출이자 등으로 늘
여유가 없는 것이다.

그들은 부동산을 늘리고 주식에 투자하는 등 끊임없이 채
우려고 하면서 늘 어려움에 시달리고 있었던 것이다. 나는 부족한
부분은 곧 여백이라는 인식을 그들에게 심어주었다. 그렇게 해서 이
들은 어느 순간 가득 채우는 것만이 행복한 삶이 아니라는 것을
자각하기 시작했다.

진정한 채움은 가득한 것이 아니라 적당한 것이다. 일정한 선에서 비우는 것이야말로 충만한 삶을 누릴 수 있는 비결이다. 가득 채우는 것은 오히려 매우 불안정한 것이다. 적당한 선에서 여백을 찾는 것이 위험을 줄이는 가장 안정된 투자다. 거기에서 진정한 채움 또한 이루어진다.

사소하지만 강한 것, 디테일의 힘

무심코 지나치는 일상의 작은 것 하나에 감동받을 때도 있고 반대로 오랫동안 마음이 불편할 때도 있다.

물건 하나를 살 때도, 사람을 처음 만날 때도 마찬가지다. 생각지도 못한 사소한 일로 호감과 반감이 좌우되는 것이다. 서비스든 상품이든 얼핏 봐서는 못 느끼지만 자세히 보면 알 수 있는 작고 섬세한 차이, 이것이 바로 디테일이다.

새로 생긴 아파트 단지 입구 대로변에 한 프랜차이즈 제과점이 문을 열었다. 사람들은 정문을 벗어난 곳에 들어선 빵집이 오래 버티기 어려울 거라고 수군댔다. 그러나 빵집 사장은 잠깐 주차가 용이한 공간에 주목했다.

빵집 내부는 다른 곳에 비해 널찍했다. 사장은 여느 가맹점과 전혀 다른 인테리어로 손님을 끌었다. 우선 샌드위치 투명 부스를 전면에 설치하고 사람들이 조리 장면을 직접 볼 수 있도록 했다. 남은 공간에는 편안하게 질 좋은 원두커피를 즐길 수 있는 카페테리아를 조성했다.

샌드위치는 전용 조리사가 그날 필요한 양만큼만 정확한 레시피대로 만들었다. 청소도 특별히 전문가에게 맡겼다. 그중에서도 사장이 가장 신경을 많이 쓴 것은 양질의 서비스였다.

무더운 여름날 남녀 다섯 명이 팥빙수 3인분을 주문했다. 종업원은 스푼 다섯 개와 3인분의 팥빙수를 내갔다. 손님들은 에어컨이 켜진 매장에서 시원한 팥빙수를 사이좋게 나눠 먹고는 종업원을 불러 말했다.

"여기 얼음 좀 더 주세요. 그리고 팥도 조금만 더 주시고요."

그들의 요구에 종업원은 일순간 어리둥절한 표정을 짓더니 빵집 사장을 돌아보며 물었다.

"벌써 두 번째인데 어떻게 하죠?"

사장은 잠시 생각하더니 말했다.

"얼음과 팥을 더 갖다 드리고, 서비스로 슈크림빵도 몇 개 갖다 드려요."

종업원이 황당한 표정을 짓자 사장이 설명했다.

"우리 가게에 온 손님인데 서운한 마음으로 나가게 할 수는 없지."

뜻하지 않은 서비스를 받고 기분이 좋아진 손님들은 나갈 때 팥빙수 값의 두 배나 되는 생과자와 케이크를 사 갔다.

얼마 지나지 않아 주민들 사이에 이 빵집의 서비스가 좋다는 입소문이 났고, 운전자들은 차에서 잠깐 내려 빨리 빵을 살 수 있어서 좋다며 즐겨 찾았다. 커피 향에 이끌려 들어온 사람들에게는 신선한 재료가 듬뿍 들어간 샌드위치를 곁들인 브런치 카페로도 인기를 끌었다.

빵집 사장의 점포를 선택하고 관리하는 안목과 고객의 눈높이에 맞춘 서비스가 일궈낸 디테일의 승리였다.

꼼꼼한 바느질 한 땀이 명품을 만든다

디테일의 차이는 자기 관리에서도 느낄 수 있다.

말할 때 품위 있는 단어를 구사하고, 다른 사람의 얘기를 경청하고, 웃는 얼굴로 상대방을 대해야 한다는 것을 모르는 사람은 없을 것이다. 그러나 이것을 일상에서 실천하느냐 하지 않느냐가 바로 디테일의 차이다. 늘 일찍 출근하며 약속을 잘 지키는 사람과 그렇지 못한 사람은 분명한 차이가 있다. 깔끔한 차림새와 반듯한 걸음걸이, 예의 바른 태도를 지닌 사람과 그렇지 못한 사람은 다르다. 사소해 보이지만 시간이 지날수록 큰 차이를 나타내는 것, 이것이 디테일의 힘이다.

저우언라이 중국 전 총리는 중요한 손님과 오찬이나 만찬을 가지기 전에 미리 국수 한 그릇을 먹었다고 한다. 배가 고프면 먹는 데 정신이 팔려 상대에게 소홀할 수 있기 때문이었다.

인간관계는 물론 영업이나 판매, 비즈니스도 이처럼 사소한 것을 관리하고 지키지 않으면 한 걸음도 더 나아갈 수 없다. 비즈니스 현장에서 눈앞의 실적을 올리는 데만 급급하다 보면 어느 순간 한계에 맞닥뜨리게 된다.

디테일은 상대방이 미처 의식하지 못한 것을 발견해내는 능력이다. 상식과 예상을 뛰어넘는 그 무엇, 그것이 디테일이다.

쥐구멍 하나가 거대한 둑을 무너뜨린다.

소비자는 언제나 영리하다. 소비자는 자신을 대하는 판매자의 감정이 어떤지 더욱 예민하게 꿰뚫고 더 깊은 속까지 들여다본다. 이러한 소비자의 속성을 염두에 두지 않는 한 결코 마음을 움직일 수 없다. 고객보다 더 세심하게 미세한 부분까지 관리하고 서비스를 차별화하는 것이 디테일 경영의 핵심이다.

눈에 보이는 일반적인 서비스와 배려로는 결코 상대의 마음을 사로잡을 수 없다. 디테일을 외면하면 '100-1=99'가 아니라 '0'이 될 수 있다. 이제 승부는 디테일이 좌우한다.

디테일의 차이로 본질이 달라지는 세상이다.

정상은 자만하지 않는 자의 것이다

10연패를 하는 과정에서 과연 나의 실적이 전 세계적으로 어느 정도 수준인지 궁금했다.

"MDRT(Million Dollar Round Table, 백만 달러 원탁회의) 최고 기록보다 약 20퍼센트 정도 앞서는 기록입니다."

회사로부터 이와 같은 대답을 듣고 내 머릿속에 든 생각은 이것이 끝이 아니라는 것이었다.

나 스스로 기록을 깨지 않으면 보람은 한순간의 추억일 뿐이다.

불현듯 맹사성의 고사가 떠올랐다.

고려 말과 조선 초의 명재상이었던 맹사성은 젊은 나이에 장원급제를 하고 승승장구하면서 자만심이 하늘을 찔렀다.

어느 날 그가 한 고승과 마주 앉아 차를 마실 때였다.

고승이 그의 찻잔에 넘치도록 차를 따르자 그가 말했다.

"찻물이 넘치지 않습니까?"

그러자 고승이 말했다.

"찻물이 넘쳐 방바닥을 더럽히는 것은 알면서, 본인의 지식이 넘쳐 인품을 망치는 것은 어찌 모르십니까?"

부끄러움을 느끼고 얼굴을 붉히며 황급히 자리를 뜨려던 맹사성은 그만 문에 머리를 찧고 말았다. 그것을 보고 고승이 말했다.

"고개를 숙이면 부딪치는 법이 없습니다."

이후 맹사성은 자기보다 벼슬이 낮은 사람에게도 항상 몸을 낮추는 겸손을 몸에 익혔다고 한다.

자만과 교만, 거만은 적을 만드는 단어라고 했다. 겸손함을 잃는 순간 그동안 자신이 애써 쌓아 올린 것들을 한순간에 잃을 수 있다.

승부의 세계에 영원한 승자란 없다. 오늘의 승리는 거대한 산맥 가운데 한 봉우리에 오른 것일 뿐이다. 오늘의 승자가 내일의 패배자가 될 수도 있다.

정상에 오른 사람이 누릴 수 있는 건 잠깐의 휴식뿐이다.

정상은 어느 한 사람의 전유물이 아니라 더 노력하는 누군 가를 위해 준비된 만찬이다.

따라서 정상은 종착점이 아니라 또 다른 출발점이다.

나는 최고의 자리에서도 또 다른 모습으로 정상에 오르기 위해 늘 깨어 있으려 노력했다. 챔피언이 되면서 나의 경쟁 상대는 언제나 나 자신이었다.

열한 번이나 연도상 1위를 했지만 언제나 상을 받는 건 순간이었고 또 다른 시작이었던 셈이다.

정상은 새로운 출발점이다

까치는 밤나무에 붙어 있는 사마귀를 잡아먹으려고 호시탐 탐 기회를 엿보고, 사마귀는 바로 옆에 있는 매미를 잡으려고 죽은 듯 숨죽이고 있다. 매미는 그것도 모르고 시원한 나무 그늘 아래에서 기분 좋게 노래하고 있다.

까치를 잡으려던 장자는 그 광경을 보고 손에 들고 있던 돌을 천천히 내려놓으며 말했다.

"세상의 모든 것들 중에 진정한 승자는 없구나!"

바로 그때였다.

"야, 이 도둑놈아!"

장자가 밤을 훔치러 온 줄 알고 밤나무 주인이 막대기를 쳐들고 그에게 쫓아오고 있었다.

인생은 1백 미터 달리기가 아니라 마라톤이다. 출발이 좋았다고 방심했다가는 결승점에 도달하기도 전에 낙오될 수 있는 것이다.

결승점을 바라보며 이겼다는 함성을 내지르려는 순간 뒤따라온 경쟁자에게 자리를 뺏기고 처참하게 나락으로 떨어지는 경우도 부지기수다. 사람들은 쫓기는 그 순간까지 자신이 얼마나 약한 존재인지를 모른다.

1980년대 초까지 조깅화 시장의 선두주자로서 타의 추종을 불허하던 나이키가 한때 위기를 겪은 것도 자만 때문이었다. 승자의 자만심에 도취되어 있던 그들은 초창기의 열정과 긴장을 잃어버렸다.

그들이 매너리즘에 빠져 있을 때 경쟁사인 리복은 에어로빅 관련 상품을 내놓았다. 그 당시 에어로빅 열풍이 일었던 것이다. 나이키는 이러한 유행이 일과성에 그칠 것이라고 간주했는데, 결과적으로 이것이 가장 큰 실수였다.

리복은 해마다 놀라운 속도로 판매 기록을 경신했고 나이키는 그들이 벌어들인 만큼 손실을 보았다. 한순간 초심을 잃은 대가로 그들은 엄청난 매출 하락을 감수해야 했다. 경영진은 기자회견을 통해 자신들의 실수를 솔직히 인정했다.

"우리는 에어로빅이 일시적인 유행에 그칠 거라고 예측했다. 그것이 돌이킬 수 없는 최대의 실수였다. 우리는 리복한테 한 수 배웠다."

자만심은 프로의 가장 큰 적이다. 경쟁에서 이기는 건 한순간일 뿐이다. 그 사실을 망각하고 긴장이 느슨해지는 순간 1등은 2등으로 밀려나고 심지어 꼴찌가 될 수도 있다.

"승자는 샴페인을 마실 자격이 있고 패자는 샴페인을 마실 필요가 있다."

윈스턴 처칠의 말을 기억하자.

프로의 세계는 결코 자만을 허용하지 않는다. 샴페인은 승자와 패자 모두를 위해 준비되어 있다.

가슴으로 말할 때 상대의 심장이 움직인다

얼마 전 미국의 저명한 소생의학 권위자 샘 파르니아 박사의 책《죽음을 다시 쓴다》를 읽고 충격적인 사실을 알게 되었다. 유럽과 북미에서 해마다 이미 죽은 줄 알았던 1백 명 가운데 17명이 다시 살아난다는 것이다.

거꾸로 말하면 살 수 있는 사람들이 죽어가고 있다는 뜻이다. 심지어 두 차례에 걸쳐 한 시간 가까이 심장 정지 상태에 있던 환자가 의료진의 심폐소생술로 다시 살아나기도 했다. 사람들이 죽었다고 생각한 그 시간 동안 그가 본 것은 '사랑과 인정과 따뜻함이 느껴지는, 감히 말로 표현하기 힘든 어떤 것'이었다고 전했다.

삶과 죽음의 경계에서 그가 느낀 '어떤 것'이란 자신을 살리기 위해 애쓰는 의료진과의 교감이 아니었을까?

샘 파르니아 박사는 이러한 사례를 통해 의료진의 전문성과 시설, 기술 등에 따라 소생률의 편차가 크다고 주장했다.

결국 생명을 소중히 여기는 의료진의 끈질긴 사명이 죽어가는 환자를 살려냈다는 점에서 전율을 느끼지 않을 수 없었다.

세계적인 심리치료사 로빈 스턴은 '가스등 효과'라는 이론을 발표했다. 잉그리드 버그만 주연의 영화 〈가스등〉에서 유래된 이 이론은 사랑을 느끼는 상대에게 자신도 모르게 조종당하는 사람의 심리에 주목하고 있으며, 광고 마케팅 기법 중 하나로도 활용되고 있다.

10대들은 비싼 돈을 주고 자신이 좋아하는 연예인이 광고하는 옷을 사 입으면서 일종의 동질감과 행복을 느낀다. 대중들이 따르는 유명 인사가 정치인의 유세 현장에 나타나는 것도 그런 이유에서다.

연예인이나 유명 인사를 이용한 마케팅 전략은 대중적인 접근성이 큰 만큼 시너지 효과를 발휘하기도 하지만 때로는 엄청난 독이 되기도 한다. 사람들의 마음이 돌아서는 순간 사태는 예상치 못한 방향으로 흘러가기 때문이다. 사회적으로 물의를 일으킨 모델이 광고한 상품에 대한 불매운동이 일어나는 것도 한 예이다.

소통의 본질은 이미지가 아닌, 사람 그 자체이고 진심이다.
가슴으로 소통하지 못할 때 고객의 마음은 흔들린다.

내 마음의 장벽부터 무너뜨려라

세계적인 햄버거 체인망을 갖고 있는 맥도널드는 아시아의
전 매장에 대해 카운터 높이를 72센티미터로 통일하도록 매뉴얼을
정해놓았다.

동양인의 평균 체형을 근거로 손님이 돈을 꺼내놓기 가장 알
맞은 높이를 책정한 것이다. 햄버거 두께는 17밀리미터인데, 이것은
입에 넣었을 때 가장 맛있다고 느낄 수 있는 두께를 과학적으로
산출해낸 것이다. 동양인의 입 크기까지 계산한 수치라니 놀라운
발상이 아닐 수 없다.

그뿐만이 아니다. 카운터 직원이 주문받을 때 큰 소리로 "감
사합니다!"라고 인사한 후 3초 이내에 "콜라는 필요하지 않나요?"
라고 묻는 것도 매뉴얼에 포함되어 있다.

심리학자들의 분석에 따르면 사람들은 기분이 좋은 상태에
서 3초 정도 최면 상태에 빠져든다고 한다. 따라서 직원이 밝은 목
소리로 인사하면서 음료수를 권하면 무의식적으로 받아들인다는

것이다.

그러나 과학적인 매뉴얼에도 한계가 있다. 직원마다 성격이 다르고 목소리나 웃는 모습도 제각각이어서 똑같은 인사를 하더라도 고객의 느낌은 다를 수밖에 없다. 맥도널드가 가장 중요하게 여기는 것도 이 부분이다.

친절은 서비스의 기본이라고 해도 현장이 항상 즐거운 것만은 아니다. 그러다 보니 감정노동자라는 말까지 생겼다. 겉으로는 웃고 있어도 속으로는 울고 싶거나 화가 치밀 때가 있다.

가슴으로 소통하려면 먼저 자신의 마음 상태부터 건강하게 유지해야 한다. 평소 철저한 마음 관리가 되어 있으면 화낼 일이 있어도 여유를 가지고 상황에 대처할 수 있는 지혜가 생긴다. 아직 그런 준비가 되어 있지 않다면 그때그때 상황에 맞게 유연하게 대처할 수 있는 요령을 터득해야 한다.

분노나 갈등이 생겼을 때 가장 효과적인 마인드 컨트롤 방법은 우선 자기 자신을 격려하는 것이다. 나는 잘못한 게 없고 상대도 나를 괴롭히려고 그런 것이 아니며, 다만 상황이 좋지 않았을 뿐이라고 마음을 다독거리다 보면 화는 자연히 누그러진다.

좋지 않은 상황에서 상대의 마음이 먼저 바뀌기를 기대하는 건 지나치게 순진한 생각이다. 문제가 생긴 원인이 어디에 있든 상황을 바꾸는 방법은 하나다.

상대의 마음을 바꿀 수는 없어도 스스로 자신의 기분을 조절할 수는 있다. 단 몇 분이라도 그 자리를 떠나 혼자만의 시간을 가져보는 것도 좋은 방법이다. 현장을 벗어나면 마음을 정리하기 좀더 수월하다.

사람들과 교류할 때도 마찬가지다. 조급하게 서두를 필요 없다. 대화 도중 자신의 스트레스 수치가 높아진다 싶으면 상대에게 잠시 양해를 구한 뒤 생각을 정리한다. 상대를 수용하는 마음이 생겼을 때 다시 대화를 나눠도 늦지 않다.

《명심보감》에 "일시의 분을 참으면 백 일의 근심을 없앨 수 있다"는 말이 나온다. 소통의 장벽을 없애는 것은 상대를 이해하고 받아들이는 마음가짐이다. 그것을 위해서는 일단 낮추고 경청하고 인내해야 한다. 가슴으로 소통해야 하는 이유가 바로 그것이다.

원칙이 흔들리면 모든 것이 흔들린다

신호를 위반하고 교통경찰에 걸린 운전자들은 보통 변명하기 급급하다. '한 번만 봐달라', '초보라서 잘 몰랐다', '바쁜 일로 가다 보니 경황이 없어서 그랬다', '앞차 때문에 어쩔 수 없었다' 등등 법규를 어긴 이유도 가지가지다.

나름의 사정이 있다고 해서 눈감아주기 시작하면 어떻게 될까? '한 사람쯤 어때'라는 식의 사고방식이 난무하다 보면 공공의 질서가 무너지는 건 한순간이다.

고위 공직자 후보 아들의 군 복무 여부가 늘 국민적 관심사가 되고 있는 것도 같은 이유다. 돈과 권력의 힘을 빌려 국민의 의무를 저버리는 일이 통용된다면 누가 그것을 굳이 지키려고 하겠는가. 의무를 이행하는 것뿐 아니라 권한이나 권리를 행사하는 데 있어서도 공평해야 하고 법과 기준에 맞아야 한다. 원칙을 만들었다면 반드시 지켜야 한다.

중국 삼국시대 제갈량은 친한 친구의 동생 마속을 참모로 두었다. 위나라 명장 사마의가 공격해온다는 보고를 받고 고심하던 제갈량에게 마속이 스스로 나가겠다고 나섰다. 평소 그를 끔찍이 아끼던 제갈량은 혹여 그가 목숨을 잃게 될까 염려되어 극구 만류했으나 마속은 실패하면 제 목숨을 내놓겠다고 호언장담하며 전장으로 나갔다.

마속은 결국 군율을 어기고 패잔병이 되어 돌아왔다. 이에 제갈량은 눈물을 머금고 마속의 목을 쳤다. 여기에서 유래한 말이 '읍참마속(泣斬馬謖)'이다. 원칙이 무너지면 모든 것이 무너진다는 것을 누구보다 잘 아는 제갈량은 아끼는 사람을 버릴 수밖에 없었던 것이다.

원칙에 예외를 두어서는 안 된다. 이런저런 이유로 예외를 두는 순간 원칙은 그 의미를 상실하기 때문이다.

원칙은 성공의 우회로가 아닌 지름길이다

나는 까칠하다는 소리를 들어도 어쩔 수 없다고 생각하며 20년 이상 철저한 원칙주의자로 살아왔다.

일을 하다 보면 때로는 규정상 불가능한 것을 요구하는 사람들이 있다. 불법이나 편법을 동원하지 않는 한 할 수 없는 일들을 요구할 때 내 대답은 단 하나다.

"정말 죄송합니다만 제가 도와드리고 싶은데 규정상 도저히 어려울 것 같습니다. 어떻게 하지요?"

고객이 잠시 서운하게 생각할 때도 있었지만 결과적으로 이 선택은 언제나 옳았다.

원칙을 고수하면서 가는 길은 조금 더디고 느리게 느껴질 수 있다. 하지만 시간이 지나면 오히려 서로에 대한 신뢰가 더 높아진다.

그러므로 나는 원칙이란 모든 사람에게 유익하고 가치 있는 것이라고 믿는다.

국민적으로 합의한 사회적 원칙에 한 사람이라도 예외가 인정되고 편법이 적용된다면 사회 구성원 전체가 그것을 부정하고 거부하는 사태가 초래될 수 있다.

건물이 오랫동안 유지되기 위해서는 무엇보다 기초가 튼튼해야 한다. 건물의 견고함은 주춧돌을 어떻게 놓느냐에 따라 결정된다. 초석이 너무 약하거나 위치가 잘못될 경우 건물의 무게를 지탱하는 기둥이 제 역할을 할 수 없고, 결국 건물은 붕괴될 수밖에 없다.

윗물이 맑아야 아랫물이 맑다는 말이 있듯이 원칙은 위에서부터 지켜나가야 한다. 아랫사람이 원칙을 어겼을 때는 그 한 사람만 엄하게 다스리면 되지만 리더가 원칙에서 벗어나는 행동을 하면 올바른 지휘체계가 성립될 수 없으므로 조직 전체가 흔들리게 된다. 윗사람이 원칙을 어기는데 어떻게 조직 구성원들이 그를 따를 수 있겠는가?

원칙은 지키면 좋고 지킬 수도 있는 것이 아니라, 반드시 지켜야 하는 것이다.

나란히, 혹은 뒤에 서는 리더가 돼라

요즘 길거리에서 '회장님' 하고 부르면 모두 다 돌아본다는 우스갯소리가 있다. 사장님보다 회장님이라는 호칭이 더 흔한 것처럼 보이는데, 말하자면 리더와 지도자가 넘쳐나는 세상이라는 뜻이다.

모임이나 단체의 장도 회장님이라고 부르고, 사업체를 두 개 이상만 가지고 있어도 회장님이라는 호칭을 쓴다. 이들 가운데는 조직과 단체를 잘 이끌어나가는 리더가 있는가 하면 리더십 부재로 갈등이 끊이지 않는 경우도 많다.

리더가 되고 싶은 욕망만 가득할 뿐 필요한 소양이나 자질은 전혀 갖추지 못한 사람이 지도자가 되었을 때 조직의 갈등과 파행은 불가피하다. 구성원들 사이에 편이 갈리고 반목이 생기기 시작해 결국은 갈등 국면으로 치닫게 되는데, 이럴 때 대부분은 리더의 책임이 크다.

리더라는 위치가 마치 골목대장이나 되는 것처럼 생각하는 사람이 있는가 하면 구성원들을 아랫사람 부리듯 하는 어리석은 사람도 있다. 또한 어느 순간 최고경영자로부터 중요한 보직을 받으면 자신의 능력을 최대한 발휘해 봉사해야 하는데도 무소불위의 권한을 가진 듯 착각하거나 영원히 자기 자리인 양 군림하려 드는 사람도 있다.

리더의 행위가 조직과 구성원 전체에 직접적인 영향을 미치는 만큼 리더의 자리에 있는 사람은 리더십에 대한 의미를 명확하게 이해해야 한다.

한비자는 진정한 리더는 "거울과 저울 같아야 한다. 거울이 흔들리면 명확하게 볼 수 없고, 저울이 흔들리면 정확하게 잴 수 없다"고 말했다. 리더가 바로 서지 못하면 조직 전체가 흔들린다는 뜻이다.

맨 앞에서는 뒤따르는 사람을 볼 수 없다

리더의 역할에 대해서는 손자의 말을 경청할 필요가 있다. 손자는 리더의 다섯 가지 덕목으로 슬기, 믿음, 사랑, 용기, 그리고 매사를 공정하고 엄격하게 처리하는 위엄을 꼽았다.

이와 함께 리더가 범할 수 있는 다섯 가지 위험을 구체적으로 적시하며 이를 경계하라고 했다. 그것은 바로 무모함, 비겁함, 욱하는 성격, 지나친 명예심, 과도한 연민의 정이다.

또한 손자가 말하는 리더가 갖추어야 할 다섯 가지 소양은 다음과 같다.

첫째, 리더는 배려하되 지나쳐서는 안 되고,
둘째, 일을 시킬 때 원망을 느끼게 해서는 안 되며,
셋째, 욕망을 갖되 탐욕을 부려서는 안 되고,
넷째, 자유롭되 교만해서는 안 되며,
다섯째, 위엄을 갖추되 사나워 보여서는 안 된다.

내가 생각하는 리더의 첫 번째 의무는 조직의 비전을 명확하게 제시함으로써 동기부여를 하는 것이다. 그리고 나보다 조직과 구성원, 다수의 이익을 먼저 생각하는 사람이다.

그런 면에서 나는 '즉결심판'이라는 별명을 가진 우리 회사 CEO 박근희 부회장을 진심으로 존경한다.

그는 조직원들이 어떤 요구나 제안을 해도 빠르고 정확하게 판단을 내려준다. CEO가 열린 마음으로 신속하고 정확하게 의사 결정을 내려주는 것이야말로 구성원들에게는 큰 행복이다. 그만큼 실수가 적고 일하기 수월해지기 때문이다.

리더는 앞장서면서도 구성원들과 나란히 혹은 그 뒤에서 걸어가야 한다. 맨 앞에서는 뒷사람을 제대로 볼 수 없다. 나란히 걸어가면 대화를 나누면서 힘든 점을 알 수 있고, 맨 뒤에서 걸어가면 뒤처지는 사람을 이끌어줄 수 있기 때문이다.

이기는 게임에 악조건은 없다

긍정의 시선은 늘 성공을 향해 있다

말은 마음의 거울이다

확신 앞에 불가능이란 없다

작은 실수에 집착하지 마라

남들이 가지 않는 길에 성공이 있다

맨 먼저 실행하는 자가 승자다

내 안의 베스트를 깨워라

24시간, 365일 벤치마킹하라

긍정의 시선은 늘 성공을 향해 있다

말은 마음의 거울이다

확신 앞에 불가능이란 없다

백 년의 역사를 가진 미국의 브루킹스 연구소는 세계적인 세일즈 전문가 양성 기관이다. 이 연구소는 까다로운 미션을 통해 수강생들의 실력을 테스트하는 전통이 있다.

부시 대통령 취임 당시 졸업을 앞둔 수강생들에게 내려진 미션은 대통령에게 도끼를 팔라는 것이었다.

"대통령에게 도끼를 판다고?"

"말도 안 돼. 대통령이 우리를 만나주기나 하겠어?"

모든 수강생들이 고개를 저을 때 단 한 명이 자신 있게 말했다.

"안 될 것도 없지!"

그는 다음과 같은 편지를 부시 대통령에게 보냈다.

"얼마 전 저는 여행 삼아 대통령의 고향에 다녀온 적이 있습니다. 목장에 들러 소나무를 보기도 했습니다. 그런데 그중 몇 그루가 흉측한 모습으로 말라 죽어 있더군요. 그 나무를 잘라내려면 도끼가 필요할 것 같아서 이렇게 편지 드립니다. 시중에서 구할 수 있는 도끼는 대통령의 몸집에 비해 너무 가벼울 것입니다. 대통령께 딱 맞는 도끼가 하나 있습니다. 바로 저희 할아버지께서 쓰시던 것인데 말라 죽은 소나무를 베기에 이보다 더 좋은 것이 없습니다. 가격은 15달러입니다. 관심 있으시면 답장 바랍니다."

부시 대통령은 고맙다는 답장과 함께 15달러를 보내주었다. 이 졸업생이 바로 훗날 미국에서 가장 위대한 영업 컨설턴트로 불리는 조지 허버트다.

실패의 원인은 언제나 부딪혀보기도 전에 지레 겁먹은 자기 자신에게 있다. 가능과 불가능, 성공의 마법은 글자 한 자 차이다. 불가능하다고 생각한 일은 결국 불가능한 것이 되고 만다.

어떻게 이런 일이 가능할까 싶은 일들이 실현된 것을 두고 우리는 '불가사의'라고 말한다. 도저히 가능할 것 같지 않은 일들이 기적처럼 실현된 것이 바로 창조적 변화의 산물이다. 사람은 무한한 잠재력을 가지고 있다. 그 잠재력을 이끌어냈을 때 엄청난 창조적 변화가 이루어진다.

중국의 만리장성이 그렇고 로마의 원형 경기장, 페루의 마추 픽추, 영국의 스톤헨지 등 수천 년의 역사를 지닌 불가사의한 건축물의 탄생 배경에는 인간 능력의 한계를 벗어날 수 있다는 강렬한 믿음이 있었다.

아무리 높고 깊고 멀고 넓다 해도 '가능하다'는 신념이 불가능을 가능한 현실로 만든 사례는 수없이 많다.

일본의 지바현에는 간판부터 내부 장식까지 모든 것이 거꾸로 된 우동집이 있다. 건물도 거꾸로 처박힌 모습으로 지붕이 바닥에 닿아 있고 바닥 부분이 허공을 향해 있다.

건물 내부로 들어가 보면 메뉴판은 물론 병풍과 액자까지 거꾸로 붙어 있고 화분도 거꾸로 매달려 있다. 천장에는 돗자리에 방석까지 장식되어 있다.

식당이 이런 해괴한 모습을 갖게 된 건 사장의 오기 때문이다. 그는 이 자리가 우동집으로 적격이라고 믿었지만 아무도 그의 말에 귀 기울이지 않았다. 심지어 처가에서는 곧 망할 게 뻔한 식당을 하느니 차라리 이혼하는 게 낫다고 말할 정도였다.

풍수지리를 믿는 그의 아버지는 방향과 터가 좋지 않다며 반대했다.

"해보지도 않고 어떻게 알아요? 방향이 안 좋으면 건물을 돌려놓으면 됩니다."

식당을 거꾸로 짓겠다는 아이디어는 여기서 나왔다. 홧김에 뱉은 말이지만 생각해보니 꽤 괜찮은 아이디어였다. 그는 건축사무소를 찾아가 거꾸로 선 집을 설계해달라고 했다.

"건물을 거꾸로 짓다니, 그게 말이 됩니까? 지금까지 한 번도 그런 집을 지어본 적이 없어요."

건축사무소 측은 일언지하에 거절했으나 그는 고집을 꺾지 않았다. 새로운 형태의 건물을 지으면 사람들의 이목을 끌 수 있으므로 충분히 승산이 있다고 믿었다. 사장의 끈질긴 설득에 결국 설계사는 수긍했다.

마침내 거꾸로 된 건물이 지어지고 식당 문을 열자 호기심에 사람들이 하나둘 모여들기 시작했다. 식당이 국도변에 위치해 있어 차를 타고 지나가던 사람들도 구경 삼아 들렀다. 덕분에 사업은 날로 번창했고 우동집은 이 지역의 명소가 되었다.

식당 주인은 모든 사람들이 안 된다고 생각하는 상황을 자신에게 유리한 방향으로 만들었다. 주변의 반대에 못 이겨 그의 신념이 흔들렸다면 다른 장소를 찾아냈더라도 그처럼 크게 성공하지 못했을 것이다. 스스로 가능하다는 믿음 앞에 악조건이란 없다.

1퍼센트 가능성에 매달려라

일본 소니 계열사 중 하나인 '소니 이타쿠라'의 사장은 사원들을 두 가지 유형으로 분류한다. 그는 자신의 오랜 경험을 토대로 회사가 필요로 하는 사원과 필요로 하지 않는 사원을 구분하는 나름의 기준을 만들었다.

우선 그가 원하는 유형은 단 1퍼센트의 가능성이라도 믿고 끝까지 해내는 사람이다. 그러나 이런 유형은 아주 드물다. 처음에는 잘하는 듯하다가도 일에 대한 욕심이 지나쳐 결과적으로 주변에 폐를 끼치는 경우가 많기 때문이다.

직급과 나이에 관계없이 사장이 가장 싫어하는 사원은 핑계 대기 좋아하는 유형이다. 이들은 업무 지시를 내리면 온갖 이유를 늘어놓는 데 열을 올리지만 정작 일에 대한 의욕은 보이지 않는다.

이런 사원보다 당장 난색을 표하더라도 구체적인 것을 요구하는 사람이 더 믿을 만하다. 가령 어떤 문제를 해결해주고 시간을 얼마 정도 주면 할 수 있겠다고 말하는 직원이다. 요구 사항을 정확하게 제시하는 사람은 대개 일에 대한 신념이 있기 때문이다.

그는 또 회사에 해를 끼치는 불필요한 직원을 몇 가지 유형으로 분류했다.

1. 입으로는 늘 할 수 있다고 말하지만 재촉하기 전에는 아무 일
도 하지 않는 노예근성 형
2. 할 수 없는 이유만 장황하게 늘어놓고 대안을 제시하지 않는
모르쇠 형
3. 최선을 다하겠다고 하나 어떻게 할지 구체적인 방법을 제시
하지 않는 두루뭉수리 형
4. 어려운 전문 용어로 그럴듯하게 말하지만 창의력이 없어 남
의 흉내만 내는 빛 좋은 개살구 형
5. 무엇 하나 제대로 이루는 것 없이 잘난 척이나 하며 주위에
해를 끼치는 뻥쟁이 형
6. 회사에서는 있는지 없는지도 모르는데 회식 자리에만 가면
생기가 도는 놀고먹자 형

이 회사 사장이 말하는 불필요한 직원들의 공통점은 능력이
든 노력이든 스스로 한계를 지어놓고 있다는 것이다.

사람은 힘든 상황이 닥치면 일단 무슨 핑계를 대서라도 피
하고자 하는 습성이 있다. 그러나 이런 습성을 버리지 못하면 어디
에서도 환영받지 못하고 무슨 일을 해도 성공할 수 없다.

프로는 포기하고 주저앉는 대신 자신이 바라는 상황을 찾
아내 실행에 옮긴다. 무엇이든 가능하다고 믿으면 가능해진다는
성공의 원리를 믿기 때문이다.

작은 실수에 집착하지 마라

몇 해 전 한 광고회사 신입사원이 취직한 지 나흘 만에 자살한 사건으로 일본 열도가 한바탕 들썩였다. 그가 회사에 출근한 건 단 하루였다.

그는 출근 첫날인 토요일에 자신이 맡은 계약을 성사시키지 못했다. 이튿날은 일요일이었고, 월요일에는 심한 몸살로 결근했다. 그리고 나흘째 되던 날 출근한다면서 집을 나선 뒤 전철역에서 열차가 달려오는 선로에 뛰어들었다.

계약이 불발된 것이 자살의 직접적인 원인이었다. 당시 이 회사에 입사한 직원은 모두 열 명이었다. 나머지 아홉 명의 신입사원도 계약에 실패했지만 그 일로 자살하지는 않았다. 그런데 왜 이 사람은 극단적인 선택을 하게 된 걸까?

전문가들은 사소한 실패를 지나치게 크게 인식한 결과 돌이킬 수 없는 비극이 일어난 것으로 보았다.

모리스 슈발리에는 '에펠탑과 더불어 파리의 2대 명물'이라는 칭송을 들을 만큼 프랑스인들이 사랑했던 샹송 가수이자 영화배우였다. 그런데 그가 한때 무대공포증에 시달렸다는 사실을 아는 사람은 많지 않다.

영화와 뮤지컬 등에 출연하면서 최고의 인기를 누리던 어느 날 무대 뒤에서 차례를 기다리던 그는 갑자기 심한 현기증을 느꼈다. 순간적인 어지럼증으로 여기고 무대에 올라간 그는 결국 대사 한 마디 제대로 못하고 식은땀만 흘리다 내려왔다.

이후 슈발리에는 더 이상 대중들 앞에 나서지 못했다. 그는 파리를 떠나 외딴 시골에 은신하다시피 하면서 정신과 의사 로버트 듀보아 박사에게 치료를 받았다.

"도망치려고 하지 마세요. 두려움을 없애는 길은 두려운 생각에서 벗어나는 것뿐입니다. 걱정 따위는 쳐다보지도 말고 다시 무대로 나가세요. 걱정 때문에 그만두는 건 바보들이나 하는 짓입니다."

듀보아 박사는 은퇴까지 결심한 그에게 끊임없이 용기를 북돋워주었다.

"그래요. 나는 다른 사람들을 의식한 나머지 정작 자신에게
는 너무 가혹했어요. 실수하면 창피한 게 당연하죠. 그러나 그건
지나간 실패일 뿐 평생을 불안하게 살 이유가 되지 않아요!"

슈발리에는 마침내 두려움을 극복하고 세상 밖으로 나왔
다. 다시 파리로 돌아와 무대에 섰을 때 관중들은 그에게 무대공포
증이 있었다는 사실을 전혀 눈치 채지 못했다.

정직하게 자신의 실패를 인정한 순간 슈발리에는 용기를 되
찾았다. 지나친 반성은 스스로 설 자리를 잃게 만든다. 실패를 배
움의 기회로 삼는 사람만이 더 높이 올라갈 수 있다.

불리한 상황에도 유리한 지점이 있다

"이 일이 내 적성에 맞지 않나 봐."

"사람들은 내가 무능하다고 생각할 거야."

자신이 실수를 했거나 다른 사람들과 의견이 맞지 않아 일
이 순탄하게 돌아가지 않을 때 이런 식으로 사건을 확대하고 지나
치게 자책하면 일뿐 아니라 모든 인간관계를 망칠 위험이 있다.

착각은 망상을 부르고 망상은 피해의식으로 이어지게 마련

이다.

가령 공연 초대권이 생겨 동료 직원에게 같이 가자고 했는데 공교롭게도 바쁜 일이 있다고 한다면 대부분 상대의 거절을 두 가지 방식으로 받아들인다.

"진짜 바쁜 일이 있긴 한 건가?"

"바쁜 모양이네."

한 사람은 호의를 거절당한 것에 집중하고, 또 한 사람은 상대의 입장에 주목하는 것이다.

전자의 경우 자신에게 부정적인 방향으로 해석하는 경향이 강하다.

"혹시 나한테 화난 일이라도 있나?"

"나랑 같이 공연 보기 싫은가?"

악마의 속삭임처럼 온갖 억측이 머릿속을 어지럽힌다. 상대가 정말 바쁜 일이 있어서 어쩔 수 없이 거절했다는 생각은 아예 하지 못한다.

상사가 부하 직원에게 거절당했다면 자신의 리더십에 문제가 있는 건 아닐까, 혹은 자신을 무시하는 것은 아닌가 하는 회의감이 들 것이다.

지난날 둘 사이에 약간의 문제라도 있었다면 상황은 더욱 심각한 지경에 이른다. 지금의 일과 과거의 일이 분리되지 않는 것이다. 결국 그 일로 인해 자신을 싫어한다고 여겨 일방적으로 대화를 기피하게 된다.

어차피 확인되지 않은 사실이라면 상황을 좀더 유리한 방향으로 해석할 수는 없을까?

바쁘면 바쁜가 보다 하고 상대방이 말한 사실만을 액면 그대로 받아들이면 자신이 심란하거나 둘 사이가 서먹해질 이유가 없다.

"이 공연에 관심이 없나 봐."

이처럼 상대의 취향이라고 치부해버리면 자신의 문제로 확대 해석할 여지가 없다.

사소한 것에 집착하다 보면 본질을 잊어버리기 쉽다. 상대는 사정이 있어서 호의를 받아들이지 못한 것뿐인데 마치 자기 자신이 거부당한 듯한 착각에 빠지기 쉽다.

그 사람의 태도는 상황을 받아들이는 마음의 방식에 따라 결정된다. 부정적이고 폐쇄적인 사고방식은 상대와 자신을 궁지에 몰아넣는다.

지금 나를 우울하게 만드는 사소한 일들은 어느 순간 사라질 일상의 파편들에 불과하다. 그런 것들을 스스로 떨쳐내지 않고 마음속에 지니고 있으면 앞으로 나아갈 수 없다.

친구, 동료, 고객 등 사람들과 교류하다 보면 크든 작든 서운한 마음이 들 때가 있게 마련이다. 어쩌면 마음의 상처는 인간관계에서 불가피한 것인지도 모른다. "인간은 자신이 두려워하는 자보다 애정을 가지는 상대를 더 쉽게 배반한다"고 했던 마키아벨리의 말을 기억하라.

상대가 나를 힘들게 하는 이유가 그만큼 믿고 의지하기 때문이라고 생각하면 충격에서 벗어나기가 한결 수월하다.

자기 스스로 상황을 밝은 쪽으로 끌고 가지 않는 한 마음의 고통을 떨쳐낼 방법은 어디에도 없다. 아무리 노력해도 도저히 극복할 수 없다면 차라리 무시해버리는 것이 낫다. 마음으로 포용하지 못하는 상대를 향해 손을 내밀어봤자 그건 진정한 악수가 아니다.

남들이 가지 않는 길에 성공이 있다

영국 출신의 청년 콜레트는 하버드대학교에 입학한 뒤 빌 게이츠와 단짝이 되었다.

2학년이 된 어느 날 빌은 콜레트에게 이런 제안을 했다.

"학교는 그만두고 사업해서 돈 벌어보지 않을래? 요즘 재무회계 프로그램이 뜨고 있는 추세야. 우리 실력이면 충분할 것 같은데 나랑 같이 프로그램을 개발해보자."

콜레트는 잠시 귀가 번쩍 뜨였다. 재무회계 분야에 대한 전망이 밝은 건 사실이었다. 하지만 학교를 그만두고 싶지는 않았다.

"좋은 생각이긴 한데 아무래도 난 학교에 남아야겠어. 내가 하버드에 온 건 우선 공부를 하기 위해서야."

결국 콜레트는 학교에 남았고 빌은 학교를 떠났다.

10년 뒤 하버드대학교에서 박사 과정을 밟고 있던 콜레트는 빌이 사업에 성공해 백만장자가 되었다는 소식을 들었다.

1995년에 박사 학위를 딴 콜레트는 본격적으로 32비트 재무회계 프로그램 개발에 박차를 가했다. 하지만 그때 이미 빌은 그가 개발한 것보다 무려 1천 5백 배 빠른 회계 시스템 개발을 마친 상태였다.

얼마 후 매스컴에서는 빌 게이츠가 세계 최고 갑부가 되었다는 소식이 화제가 되었다. 그리고 콜레트는 기회를 놓친 전형적인 사례의 주인공이 되었다.

시대 변화에 둔감한 사람은 가까운 곳에 있는 기회조차 알아보지 못한다. 기회는 언제나 그것을 찾아 나선 사람의 바로 뒤에 있기 때문이다.

시대의 정서를 파고든다는 것은 어떤 의미인가?

나는 이것이 비즈니스 세계에서 경쟁력을 갖추는 최고의 비결이라고 생각한다. 비즈니스에 성공하려면 소비자의 정서를 건드릴 줄 알아야 한다. 그들의 주요 관심사는 무엇이고 생활 패턴은 어떤 변화를 암시하는지를 남보다 먼저 파악하는 사람이 소비의 흐름을 주도할 수 있다.

소비의 흐름을 주도한다는 것은 다시 말해 유행을 선도한다는 것이다. 유능한 비즈니스맨이 되려면 시시각각 변화하는 시대의 흐름을 정확하게 파악해 소비자를 안심시켜야 한다. 대부분의 소비자는 새로운 정보에 어두운 반면 자기만 뒤처져 있다는 느낌을 갖고 싶어 하지 않는다. 시대의 정서를 파고드는 사람은 그러한 소비자의 심리를 자극하는 상품을 제시해 성공을 거두는 것이다.

파이가 큰 곳에서 활동하라

"호텔을 지으려면 적어도 1백만 달러는 있어야 한다는 걸 모르지는 않겠지? 지금 자네 형편으로는 꿈도 꾸지 못할 일이라고."

자신의 이름을 내건 호텔을 창업하려는 꿈을 가진 젊은이에게 주위 사람들은 하나같이 냉담한 반응을 보였다. 그가 가진 자본금으로는 엄두도 못 낼 일이었기 때문이다.

꿈은 원대했으나 그의 수중에는 겨우 10만 달러밖에 없었다. 호텔 부지로 봐둔 땅값만 10만 달러였다.

"무슨 좋은 방법이 없을까?"

청년은 궁리에 궁리를 거듭했다. 그러던 어느 날 신문을 읽던 그는 무릎을 탁 쳤다.

"드디어 찾았어!"

곧바로 그는 호텔 공사를 맡길 건축업자를 찾아갔다.

"곧 착공할 수 있도록 만반의 준비를 해놓으세요."

자본금이 턱없이 부족한 상태에서 청년은 어떻게 방법을 찾아냈을까?

그는 우선 땅을 사는 대신 임대하기로 했다. 임대 기간은 자그마치 99년이었고 임대료는 연 3만 1천 달러였다. 여기에 청년은 땅주인이 혹할 만한 조건을 제시했다.

"임대료를 지불하지 못할 상황이 되면 토지는 물론 호텔 소유권까지 넘겨주겠습니다."

땅주인은 손해 볼 것 없는 거래였다. 그러나 청년은 한 가지 조건을 내걸었다.

"그 땅을 담보로 은행에서 돈을 빌릴 수 있는 권리를 주십시오."

땅주인은 골똘히 생각해본 뒤 계약서에 사인했다. 청년은 계약서를 들고 즉시 은행으로 달려갔다. 그는 이제 은행에서 자금을 대출할 수 있는 담보물을 얻은 셈이었다.

청년의 이름은 콘래드 힐튼, 이렇게 해서 탄생한 호텔이 현재 세계적인 호텔 체인망을 가진 힐튼 호텔이다. 당시 그가 1백만 달러짜리 호텔을 짓는 데 들인 돈은 단돈 3만 1천 달러였다.

큰 부자가 되려면 성실과 노력만으로는 부족하다. 자금의 흐름을 꿰뚫고 적절히 운용하는 지혜가 필요하다. 여기에 과감한 선택과 집중이 더해지면 누구도 상상할 수 없는 기적을 창조할 수 있다.

1858년, 미국의 한 신문에 대서양 해저 케이블 매설공사 소식이 전해졌다. 평범한 시민들에게는 대서양 바다 밑에 있는 케이블 따위 신경 쓸 일이 아니었다.

그런데 아무도 관심을 가지지 않는 뉴스에 촉각을 세운 한 보석상 주인이 있었다. 그는 신문을 보자마자 전기통신회사를 찾아갔다.

"해저 케이블 공사에 쓰고 남은 케이블을 제가 사겠습니다."

전기통신회사는 두말없이 그에게 케이블을 넘겼다.

주위 사람들은 그런 그의 행동을 의아한 시선으로 바라보았다. 그러나 그는 케이블 조각을 가지고 케이블 개통 기념 키홀더와 팔찌 등을 만들어 사람들 앞에 내놓았다.

"대서양 해저 케이블입니다. 이건 지구상에 하나뿐인 것입니다!"

반응은 폭발적이었다. 너도나도 케이블 조각으로 만든 제품을 사려고 몰려들었던 것이다.

쓰고 남은 해저 케이블로 엄청난 수익을 올린 그는 나폴레옹 3세 시대 황후가 소유했던 것으로 알려진 진귀한 다이아몬드를 사서 '황후의 다이아몬드'라는 제목으로 보석 전시회를 열었다.

세계 각지에서 황후의 다이아몬드를 보려고 수많은 재산가들이 몰려들었다. 덕분에 다른 전시품들도 불타나게 팔려나갔다. 이벤트는 대성공이었고 그의 보석가게는 세계적인 명소로 이름을 날렸다. 그가 바로 세계적인 보석 브랜드 티파니의 창업자 찰스 루이스 티파니다.

사람들이 많이 모여든 시장에는 그만큼 자신이 차지할 몫이 많지 않다. 성공한 사람들은 편하고 익숙한 길보다 사람들의 발길이 미치지 않은 길을 찾는다. 그만큼 자신이 차지할 몫이 크기 때문이다.

대부분의 사람들이 소액보험에 매달리고 있을 때 나는 상속세 재원 마련과 노후 대비용 콘셉트 마케팅을 통해 종신보험과 연금보험을 묶는 상품으로 시장을 주도했다. 또한 보험에 재테크 개념을 적극 도입한 리치 마케팅으로 새로운 시장을 개척하고 보험에 대한 일반적인 인식의 지평을 넓혔다.

남들이 가지 않은 길에는 어느 정도 모험이 따르지만 성취의 기쁨도 그만큼 크다. 거친 바다를 두려워하지 않는 사람만이 마침내 대어를 낚을 수 있다.

맨 먼저 실행하는 자가 승자다

1850년대 미국 서부지역은 금광개발로 엄청난 부를 거머쥐려는 사업가들과 일자리를 찾아 온 가난한 광부들이 몰려들면서 이른바 골드러시를 이루었다.

그중 마차에 물건을 싣고 다니며 광부들에게 필요한 생활용품을 판매하는 떠돌이 행상들도 있었다. 독일 이민자 출신의 청년 레비 스트로스도 그중 하나였다. 그의 마차에는 초콜릿, 술, 담배, 양말, 옷가지 등 없는 게 없었다.

광부들은 물건을 사러 왔다가 잠시 그의 마차 그늘에 앉아 쉬었다 가곤 했다.

"며칠 입지도 않았는데 벌써 바지가 닳아버렸어."

"그러게 말이야. 얼마 벌지도 못하는데 자꾸 바지만 사게 생겼어."

그는 광부들이 올 때마다 바지에 대해 불평하는 이야기를 듣고 획기적인 사업 아이템을 구상했다.

시중에 나와 있는 옷감보다 훨씬 더 튼튼하고 질긴 마차 덮개 천으로 바지를 만들어보기로 한 것이다. 그는 곧 못 쓰는 마차 덮개를 구해 샘플 제작에 들어갔다.

그리고 얼마 후 그는 서부지역에 모여든 사람들이 그토록 원하던 돈방석에 앉았다. 마차 덮개에 쓰이던 진(Jean)으로 만든 바지가 광부들 사이에서 폭발적인 인기를 끌면서 미국 전역에 청바지 열풍이 불기 시작한 것이다.

'리바이스' 청바지는 이렇게 해서 시작되었다.

레비 스트로스는 많은 사람들이 허황된 꿈을 좇아 구름처럼 몰려든 땅에서 청바지라는 황금을 찾아냈다.

식물은 온갖 영양분을 흡수해도 성장에 필요한 몇 가지가 부족하면 더 이상 자라지 못한다. 사업도 마찬가지다. 아무리 좋은 조건을 가지고 있어도 시장의 흐름을 읽어내는 통찰력과 실행력이 없으면 결코 성공할 수 없다.

그가 탁월한 사업가적 안목으로 시장을 눈여겨보지 않았다면 청바지는 탄생하지 않았을 것이다.

먼저 생각하는 것은 중요하지 않다

옛날 히말라야에 한고조(寒苦鳥)라는 새가 살고 있었다. 이 새는 둥지가 없어 밤마다 추위에 떨었다. 놀기 좋아하는 새는 낮에 빈둥거리며 놀다가 밤에 추위가 찾아오면 그제야 둥지가 있어야겠다는 생각을 하며 공상에 빠져들었다.

"내일은 꼭 둥지를 만들어야지! 모양은 어떤 게 좋을까?"

밤이면 둥지를 짓는 상상을 하며 추위에 떨다가 낮이 되면 어느새 둥지 따위는 잊어버리고 노느라 바빴다. 그러다 결국 '추위서 괴로운 새'라는 이름만 남긴 채 전설 속으로 사라졌다.

몽상에 그친 계획은 한고조의 둥지나 마찬가지다. '하루만 더, 하루만 더'라고 미루면서 언제나 오늘과 다름없는 내일을 보낸다.

우리는 실행의 가치를 말할 때 흔히 콜럼버스를 떠올린다. 그가 신대륙을 발견하고 돌아왔을 때는 국민적인 환영을 받았으나 일부 시샘하는 자들도 있었다.

"신대륙을 발견한 게 뭐 그리 대단한 일인가? 배를 타고 서

쪽으로만 가면 되는 거잖아.”

연회 자리에서 자신을 비웃는 소리를 들은 콜럼버스는 탁자 위에 놓인 달걀을 집어 들고 사람들에게 한번 세워보라고 했다. 사람들은 저마다 달걀을 세워보려 했으나 모서리가 둥근 달걀이 똑바로 설 리 없었다.

그러자 콜럼버스는 달걀 한쪽 끝을 깨뜨려 평평하게 만든 다음 세웠다.

“미리 깨도 된다고 했으면 나도 세울 수 있었지.”

사람들이 불만을 터뜨리자 콜럼버스가 그들을 쳐다보며 당당하게 말했다.

“물론 누구나 할 수 있는 일입니다. 하지만 여러분은 아무도 달걀 가장자리를 깨뜨릴 생각을 하지 못했습니다. 신대륙도 마찬가지입니다. 누가 먼저 갔다 왔느냐가 중요한 것 아니겠습니까?”

위대한 업적은 결국 생각을 실행에 옮긴 결과 이루어진 것이다.

아무리 화려한 보고서도 실행이 뒷받침되지 않으면 한낱 종잇조각에 불과하다. 상상하고 메모하고 설계한 것을 실행에 옮겼을 때 비로소 가치가 있는 것이다.

실행의 기회는 누군가가 주는 것이 아니라 스스로 만드는 것이다. 실행되지 않은 계획은 주인이 없는 것이나 마찬가지다.

제아무리 기발한 아이디어를 갖고 있어도 실행할 때를 놓치면 남의 것이 되고 만다.

결심이 서는 순간 바로 나아가라.

가고자 하는 목표점을 향해 두려움 없이 온 마음을 다해 집중할 때 비로소 프로의 세계가 열리는 것이다.

내 안의
베스트를 깨워라

"성공하려면 명확한 목표가 있어야 한다는데 저는 별로 내세울 만한 소질이 없어서 아직 목표를 정하지 못하고 있습니다."

이처럼 젊은 사람들은 종종 자신이 무엇을 잘하는지 몰라서 방황하곤 한다.

그러나 재능이 없는 사람은 없다. 다만 발견하지 못한 것뿐이다.

미국의 대표적인 제빵 회사 가운데 하나인 페퍼리지는 뒤늦게 자신의 재능을 발견한 마흔 살 주부가 일궈낸 기적이었다.

코네티컷의 조그만 마을에 살던 마거릿 러드킨은 아들이 기침을 심하게 하자 병원으로 달려갔다. 의사는 아이가 천식에 걸렸다며 식이요법을 권했고, 이때부터 그녀는 직접 빵을 만들어 아들에게 먹였다.

어느 날 그녀가 선물한 빵을 맛본 의사가 말했다.

"다른 환자들에게도 먹이면 좋을 것 같아서 그러니 조금 더 만들어주실 수 있을까요?"

"그럼요. 빵은 얼마든지 만들어드릴 수 있어요."

환자들은 그녀가 만든 빵을 돈을 주고서라도 사 먹고 싶을 정도로 맛있다며 좋아했다.

이 일을 계기로 자신에게 빵 만드는 재능이 있다는 것을 깨달은 마거릿은 종업원 둘을 데리고 빵집을 열었다. 현재 페퍼리지는 5천 명 이상의 종업원을 거느린 대기업으로 성장했다.

누구나 한 가지 이상의 소질을 갖고 있게 마련이다. 문제는 사람들이 자신의 능력을 너무 하찮게 여기거나 과소평가하고 있다는 점이다.

소질이라고 해서 반드시 특출난 재능일 필요는 없다. 남들이 흔히 할 줄 아는 것이라도 자신이 조금만 더 잘하면 그게 바로 재능이다.

성공한 사람은 자신의 잠재된 재능을 최대한 끌어올릴 줄 아는 사람이다.

즐겁게 하는 일이 나의 베스트다

펜실베이니아대학교 교수이자 심리학자 마틴 셀리그먼 박사는 '생각을 바꿔 행복해지는 열 가지 방법'을 제시했다.

1. 자신의 편견을 파악하고 긍정적인 방향으로 생각을 바꾼다.
2. 잘못을 했더라도 지나치게 스스로를 탓하지 않는다.
3. 최악의 순간만 상상할 것이 아니라 최상의 경우도 상상한다.
4. 골똘히 고민하는 대신 쉬운 해결책을 찾는다.
5. 기대하는 일을 성공적으로 마쳤을 때의 자기 모습을 상상함으로써 자신감과 의지를 북돋운다.
6. 낙천주의자라면 어떻게 처신할지 생각하고 비슷하게 행동해본다.
7. 기분 좋았던 일이나 잘한 일의 목록을 만든다.
8. 자신이 한 일에 대해 스스로 칭찬하고 주위 사람들과 기쁨을 나눈다.
9. 자신에게 맞고 기꺼이 할 수 있는 일에 대한 목표를 정한다.
10. 막연한 계획이나 기대보다 자신이 반드시 할 수 있는 명확한 한계를 설정한다.

이중 하나를 꼽으라면 나는 일곱 번째 '기분 좋았던 일이나 잘한 일의 목록을 만든다'를 선택하겠다. 왜냐하면 사람은 뭐든 즐기면서 하는 일과 잘하는 일을 통해 자신의 소질을 발견할 수 있기 때문이다.

직업이든 취미생활이든 쉽게 열중하고 기분도 좋아지는 것이 있다면 그 분야에 소질이 있는 것이다. 좋아서 하는 일이 성과도 좋게 나타난다면 금상첨화다.

평소 자신의 습관과 행동, 감정 상태 등을 메모하는 습관을 통해 자신의 베스트를 찾아낼 수 있다.

나에게는 아무런 소질이 없다고 말하는 건 패배를 두려워하는 자의 변명에 불과하다. 그동안 무슨 일을 하면서 가장 큰 즐거움을 느꼈는지 확인해보라.

무심코 즐겨왔던 일에 당신의 놀라운 재능이 숨어 있다.

24시간, 365일 벤치마킹하라

"월마트에서는 경영 시스템을, 맥도널드에서는 표준화를, 러버메이드에서는 상품 개발을, 막스앤스펜서에서는 품질 관리를, 세븐일레븐에서는 정보 시스템을, 홈데포에서는 인재 교육을, 그리고 마이크로소프트에서는 미래 개발력을 배우고 싶다."

벤치마킹의 귀재로 통하는 유니클로의 야나이 다다시 회장이 어느 인터뷰에서 했던 말이다. 시골의 작은 양복점 주인이었던 그가 캐주얼 의류업체 경영자로 변신해 일본 최고 갑부가 된 비결은 벤치마킹이다.

성공한 사람들의 공통점 가운데 대표적인 것은 상황 대처가 유연하다는 점이다. 그들은 그 어떤 것도 받아들일 자세가 되어 있다. 늘 새로운 것을 찾아 나서고 동종업계뿐 아니라 모든 분야의 1등에 주의를 기울인다. 자신들이 필요로 하는 요소요소에 1등의 장점을 벤치마킹하기 위해서다.

그들이 이처럼 벤치마킹에 공을 들이는 까닭은 변화 없이 지속적인 성공은 불가능하다는 사실을 누구보다 잘 알고 있기 때문이다. 그러기 위해서는 항상 자신을 객관적으로 돌아보고 현 상황을 점검하는 노력이 필요하다.

벤치마킹은 한마디로 경쟁자가 가진 최고의 장점을 배우는 것이다. 따라서 먼저 자신의 성취도를 상대방의 최고 수준과 비교하는 데서부터 시작된다. 상대방이 지금의 성과를 이루기 위해 어떤 과정을 거쳤는지 관련 정보를 수집하고 그 정보를 활용해 자신의 목표를 구현하는 것이 벤치마킹의 핵심이다.

벤치마킹의 창시자 로버트 캠프는 이에 대해 '최고의 성취도를 획득하기 위해 최고의 실제 사례를 찾는 과정'이라고 벤치마킹의 정의를 내렸다.

벤치마킹의 고전으로 통하는 것이 사무기기 전문업체 제록스와 캐논의 사례다. 제록스는 1970년대까지 세계 시장의 97퍼센트를 점유하는 사무기기 업계의 왕자로 군림했다. 그러나 1980년대 들어 캐논의 거센 도전에 맞닥뜨리면서 제록스의 시장 점유율은

50퍼센트 이하로 급락했다. 가격 경쟁력에서 밀린 것이다.

한 번도 경험하지 못한 최악의 사태에 직면한 제록스의 경영진들은 캐논의 모든 것에 주목했다. 어떻게 해서 좋은 제품을 값싸게 내놓을 수 있을까? 디자인, 가격 정책, 원가 관리, 생산 관리, 품질, 판매 등 모든 것을 하나하나 비교해본 결과 운영 방식에서 차이가 많다는 것을 발견했다.

제록스는 곧바로 캐논의 장점을 경영에 접목했고 동시에 많은 부분을 개선해나갔다. 결과는 대성공이었다. 복사기의 속도가 엄청나게 빨라졌고 1백 대당 91개나 결함이 있던 것이 14개로 줄어들었다. 생산 원가와 부품, 개발 기간 등도 절반 수준으로 낮추고 앞당겼다. 품질 수준이 급상승하자 제록스는 다시 엄청난 경영 성과를 올릴 수 있었다.

시시각각 변화하라

성공한 사람을 따라 하는 것만으로 가능하다면 이 세상에 성공하지 못할 사람이 어디 있겠는가? 상대의 노하우를 무작정 따라 하는 건 벤치마킹이 아니다.

전 세계적으로 벤치마킹이 경영 기법을 주도하던 시기, 일본의 이세탄백화점은 해외 각국의 유통업계에서 롤모델로 삼을 만큼 독특한 경영 비결을 가지고 있었다.

이세탄백화점은 입지 조건이나 자본 규모 면에서 불리한 위치에 있었다. 그러나 불황으로 유통업계가 고전을 면치 못할 때도 이 백화점은 승승장구하며 날로 번창했다.

일본의 대표적인 유통업체인 오타큐백화점은 이세탄백화점을 벤치마킹하기 위해 막대한 비용을 들여 임원진을 스카우트하는 등 4년 동안 많은 노력을 기울였으나 결국 실패했다.

이유가 뭘까?

벤치마킹하고자 하는 기업의 간부들만 영입하면 된다는 안일한 생각이 바로 결정적인 실패 요인이었다. 일반적으로 백화점의 입지 조건은 경영의 성패를 가르는 핵심 요소다. 그러나 불리한 입지 조건에서도 이세탄백화점이 승승장구할 수 있었던 요인은 직원들의 헝그리 정신에 있다. 백화점이 문을 닫으면 자신들의 직장을 잃게 될까 두려웠던 직원들이 제품 진열 하나부터 서비스까지 온 정성을 기울인 결과 불황에도 고객들의 발길이 끊이지 않게 된 것이다.

오타큐백화점 직원들에게는 이런 절실함이 부족했고 경영진은 현장에 대한 이해가 부족했다. 수박 겉핥기 식 벤치마킹은 4년 만에 이세탄백화점 출신 임직원들이 전원 사표를 내는 것으로 실패를 선언하면서 막을 내렸다.

결국 성패가 갈리는 건 종이 한 장 차이다. 차이를 극복하고 우위를 점하기 위해서는 철저한 자기 검증과 상대에 대한 이해가 필요하다.

성공은 하루아침에 이루어지는 것이 아니다. 기업이든 개인이든 경쟁에서 밀려나지 않으려면 한순간의 방심도 경계해야 한다.

벤치마킹의 본질은 최고의 사례를 찾는 과정을 통해 자신의 문제를 발견하고 현재의 상황을 끊임없이 개선해나가는 것이다. 그러므로 벤치마킹의 문은 24시간 내내 활짝 열려 있어야 한다.

나는 성공한 사람들의 특강이나 대담을 들을 기회가 있으면 놓치지 않고 참석하는 편이다. 책도 부지런히 찾아서 읽는다.

최고의 성취를 이룬 사람들에게도 시시각각 위기가 있었다. 각자 분야는 다르지만 그들이 살아온 이야기나 문제를 극복하는 과정을 통해 나의 길을 점검해보곤 한다.

손자는 "적을 알고 나를 알면 백 번을 싸워도 결코 위태롭지 않다(知彼知己 百戰不殆)"고 했고, 공자는 "세 명이 길을 가면 그중에 반드시 나의 스승이 있다(三人行 必有我師)"고 했다. 나는 이것이 벤치마킹의 핵심이라고 생각한다.

항상 배우려는 자세, 무엇이든 받아들이려는 자세로 사물을 새롭게 바라볼 때 매일 발전하는 자신을 느낄 수 있다.

성공한 사람들의 특징은 성실과 겸손, 그리고 매사에 최선을 다하는 것도 있지만 사물에 대한 직관력과 통찰력이 뛰어나다는 점이다. 이런 것들은 겉으로 보여지는 게 아니어서 쉽게 배우기는 어렵겠지만 강연이나 대담 프로그램, 그들의 저서를 통해 꾸준히 관찰하고 연구하는 가운데 어느 정도 해답을 찾을 수 있다. 그러다 웬만큼 내공이 쌓이면 그들만의 장점을 자연스럽게 배울 수 있는 것이다.

긍정의 시선은 늘 성공을 향해 있다

미국에서 발사한 우주선의 고장 난 파편이 지구상 어딘가에 떨어질 것이라는 뉴스가 전 세계를 공포로 몰아넣은 적이 있다. 과학자들은 컴퓨터로 측정해본 결과 그 파편이 호주 어느 마을에 떨어질 거라고 발표했다.

이 소식을 듣고 호주의 해당 마을에 일대 소동이 일어났다. 어떤 사람들은 목숨을 잃을까 두려워 멀리 떨어진 곳으로 피난을 갔고, 어떤 사람들은 집과 재산을 모두 처분하고 이사를 가기도 했다.

"어쩌면 이 상황이 행운이 될지도 모르겠는걸?"

대부분의 사람들이 공포에 떨고 있을 때 한 청년은 이런 생각을 하고 있었다. 전 세계의 이목이 집중된 우주선의 파편을 손에 넣으면 기념품으로 훌륭한 가치가 있을 것이라고 생각한 것이다.

마침내 우주선의 파편이 마을 한구석에 떨어졌을 때 청년은 맨 먼저 현장으로 달려가 그것을 주웠다. 얼마 후 미국의 한 신문은 1만 달러의 현상금을 내걸고 우주선의 파편을 주운 사람을 찾는다는 기사를 내보냈다. 청년은 자신의 말대로 행운의 주인공이 되었다.

이처럼 긍정적인 사고는 때때로 신기한 행운을 불러오기도 한다. 똑같은 상황이라도 받아들이는 마음 상태에 따라 어떤 사람에게는 재앙이 되고 어떤 사람에게는 행운이 된다.

주어진 상황을 긍정적으로 보느냐 부정적으로 보느냐에 따라 결과는 얼마든지 달라질 수 있다. 긍정적으로 세상을 바라보면 인생을 적극적으로 살아갈 수 있는 자신감을 얻게 된다.

최악의 뒤에 최선이 있다

나는 긍정적인 사고의 중요성을 강조할 때마다 남궁석 전 정보통신부 장관의 책 《원더랜드(Wonderland)》에 나오는 정주영 회장의 일화를 떠올리곤 한다.

1975년 여름 어느 날 박정희 대통령이 현대건설의 정주영 회장을 청와대로 급히 불렀다.

박정희 대통령이 청와대로 달려온 정주영 회장에게 말했다.

"정 회장! 달러를 벌어들일 좋은 기회가 왔는데 일을 못하겠다는 사람들이 있소. 지금 당장 중동에 다녀오시오. 정 회장도 안 된다고 하면 나도 포기하지요."

정 회장이 물었다.

"무슨 말씀이십니까?"

박 대통령이 말을 이었다.

"1973년 석유파동에 의한 유가상승으로 지금 중동 국가들은 달러를 주체하지 못하고 있소. 그 돈으로 사회기반시설을 만들고 싶은데 너무 더운 지역이라 선뜻 나서는 나라가 없는지 우리한테 의사를 타진해왔소. 그래서 그 나라 사정을 파악하기 위해 관리들을 보냈더니, 2주 만에 돌아와서 하는 얘기가 너무 더워서 낮에는 일을 할 수 없고, 또 절대적으로 필요한 물이 없기 때문에 건설공사를 할 수 없다는 거요."

"오늘 당장 떠나겠습니다."

정 회장은 5일 만에 중동을 다녀온 뒤 다시 청와대에 들어가 박 대통령을 만났다.

“지성이면 감천이라더니 하늘이 우리를 돕는 것 같습니다.”

박 대통령이 물었다.

“무슨 얘기요?”

“중동은 이 세상에서 건설공사를 하기에 가장 좋은 지역입니다.”

“그게 무슨 말이오?”

“우선 1년 열두 달 비가 오지 않으니 1년 내내 공사를 할 수 있습니다.”

“그다음은요?”

“건설에 필요한 모래와 자갈이 현장에 널려 있으니 자재를 조달하기 쉽습니다.”

“그럼 물은 어떻게 하오?”

“그거야 실어 오면 되지요.”

“50도나 되는 더위는 어떻게 한단 말이오?”

“천막을 치고 낮에는 자고 밤에 일하면 됩니다.”

전 세계를 놀라게 한 사막의 기적은 그렇게 해서 이루어졌다. 정주영 회장의 ‘긍정’이 없었다면 우리에게 중동건설이라는 역사는 없었을 것이다.

이처럼 똑같은 상황도 유리하게 해석하면 상황이 180도 달라진다. 불리한 상황을 유리한 상황으로 반전시키는 에너지, 이것이 바로 긍정의 힘이다.

긍정은 어떤 성공 비결보다 효과적이다.

열사의 땅, 물도 그늘도 없는 사막을 오히려 건설하기에 유리하다고 보는 자신감의 원천은 과연 무엇일까? 그것은 바로 매사를 긍정적으로 바라보는 사고다.

긍정하는 한 가능성이 있고 긍정하는 한 희망은 결코 사라지지 않는다. 오히려 가능성과 희망이 더욱 커진다. 긍정은 창조적인 발상의 전환을 가능하게 하며 일의 효율을 높인다. 나아가 적극적이고 자신감 넘치는 태도로 어떤 실패와 위기도 극복할 수 있다. 긍정의 눈을 가진 사람에게 실패란 없다.

말은 마음의 거울이다

장자와 그의 친구 혜시가 연못가를 산책하고 있을 때였다.

장자가 맑은 연못을 내려다보면서 말했다.

"피라미 떼가 한가로이 헤엄치고 있군. 저게 녀석들의 즐거움이겠지!"

그러자 혜시가 장자에게 물었다.

"자네는 물고기도 아니면서 어떻게 물고기가 즐거워하는지 아는가?"

장자가 혜시에게 물었다.

"자네는 내가 아닌데, 어찌 내가 물고기의 즐거움을 모를 거라고 단정 짓는가?"

두 사람은 평소 논쟁을 즐기곤 했는데 혜시는 남의 말에 딴 죽을 거는 버릇이 있었다. 장자는 그런 혜시의 말버릇을 한마디로 꼬집은 것이다. 말꼬리를 잡고 딴죽을 거는 습관은 오해를 불러일으키기 쉽기 때문이다.

독일 철학자 비트겐슈타인은 "말로 할 수 있는 것은 명료하게 말하고 말로 할 수 없는 것은 침묵해야 한다"고 했다.

말이란 목소리 크기와 속도, 억양, 악센트에 따라 그 의미가 달라진다. 또한 어떤 표정과 몸짓으로 어떤 상황에서 말하는가에 따라 뉘앙스에 차이가 있다.

몸짓으로 말하기 게임을 예로 들어보자. 게임에 참가한 사람들은 한 방향으로 뒤돌아서 있다가 바로 앞 사람이 어깨를 두드리면 돌아서서 그가 하는 몸짓을 보고 말하고자 하는 것을 다음 사람에게 그대로 전달해야 한다.

앞 사람의 몸짓을 정확하게 파악하는 사람이 있는가 하면 자기 마음대로 상상력을 발휘해 엉뚱한 메시지를 전달하는 사람도 있다. 그렇게 7, 8명이 게임을 이어가다가 맨 마지막 사람이 정답을 알아맞히는데, 대부분 첫 번째 사람이 전달하고자 했던 내용과는 전혀 다른 대답을 한다.

말을 정확하게 전달하지 못하는 것이 얼마나 위험한 일인지를 깨닫게 되는 게임이다.

모호한 표현은 하지 않는 것만 못하다

말은 마음의 거울이다. 말하는 사람의 감정이 말속에 그대로 드러나기 때문이다. 따라서 흐릿한 말로는 자신의 마음을 상대에게 또렷이 보여줄 수 없다.

애매하고 불명확한 말은 여러 가지 해석을 불러일으키므로 늘 문제가 된다. 이 정도로 말하면 되겠지라는 안이한 생각으로 대충 말했다가는 괜한 오해가 생기고 시비가 일어날 수 있다. 말로 인한 오해는 곧바로 풀지 않으면 오랜 기간 서로에게 상처로 남을 수 있으므로, 자신이 전달하고자 하는 의미를 상대가 제대로 이해했는지 의문이 들 때는 바로 확인해야 한다.

서로 좋은 감정을 가진 사람에게는 스스럼없이 얘기해도 너그럽게 이해하고 넘어갈 수 있는 여지가 충분하다. 그러나 이해관계가 대립되는 상대는 토씨 하나, 단어 하나에도 예민하게 반응한다. 이런 관계에서는 사소한 말실수도 그냥 지나치지 않는다. 심지어 상대의 눈빛이나 표정, 억양, 손짓 하나까지 주의 깊게 살피며 말의 숨은 의도를 파악하려고 애쓴다.

　불필요한 오해의 여지를 남기지 않으려면 정확하고 분명하게 말하는 습관을 들여야 한다. 모호한 말, 오해를 불러일으킬 수 있는 말은 하지 않는 것만 못하다. 이것은 부부간이나 친구 사이에 나누는 사적인 대화든, 업무상의 대화든 언제 어디서 누구를 만나더라도 반드시 지켜야 할 말의 철칙이다.

PART5

지금 이 순간, 내일을 그려라

20대, 억대 부자 되기

"저는 한집안의 장남이고 부모님 도움을 받을 처지도 못 됩니다. 앞으로 결혼도 해야 하는데 지금으로서는 아무런 희망이 없습니다. 저처럼 가진 것 없는 사람도 부자가 될 수 있을까요?"

대기업 신입사원들을 대상으로 한 특강 시간, 청년의 눈빛에서 절실함이 묻어났다.

"'예', '아니오'로 대답부터 해주십시오."

"물론 '예'입니다!"

나는 그의 질문에 자신 있게 대답했다.

그러자 청년이 다시 물었다.

"그렇다면 어떻게 하면 되죠?"

강당에 모인 수많은 청년들의 표정에도 같은 물음이 담겨 있었다. 질문을 던진 청년이 자리에 앉았고, 가난한 사람이 부자가 되는 법에 대한 나의 강의가 시작되자 장내는 물을 끼얹은 듯 조용했다.

"교육 기간이 끝나면 이제 여러분도 3~4천만 원 연봉의 샐러리맨이 될 겁니다. 우선 부모님께 큰절을 올리고 지금까지 키워주셔서 감사하다고 말씀드리세요. 그런 다음 무릎을 꿇고 죄송하다고 말씀드리는 겁니다. 부모님은 몹시 놀라시겠죠. 내 자식이 좋은 회사에 취직해서 이제야 마음이 놓였는데, 이게 무슨 일인가 하고 말이죠. 혹시 입사하자마자 회사에서 쫓겨난 건 아닐까 온갖 걱정을 하시겠지요."

이제 막 사회생활을 시작하면서 부자가 되고 싶다는 청년에게 뜬금없이 부모님 앞에 무릎 꿇고 죄송하다고 말씀드리라고 하니 청중들은 조금 어리둥절한 표정을 지었다.

"그런 다음 이렇게 말씀드리세요. '아버지, 어머니, 죄송하지만 지금부터 1년만 제가 아직 취직하지 않았다고 생각해주세요. 하루빨리 스스로 기반을 잡고 싶은데, 그러기 위해서는 종잣돈이 필요합니다.' 자식이 큰 사고를 친 것도 아니고 경제적으로 자립하겠다는데 어느 부모가 그런 부탁을 외면하겠습니까? 오히려 기뻐하

시면서 안도의 한숨을 내쉴 겁니다. 부모님 집에서 먹고 자고 생활하면서 월급 전액은 1년짜리 적립식 펀드에 가입하세요. 그러면 1년 후에는 약 4천만 원이 됩니다."

청중들 사이에서 '아!' 하는 탄성이 흘러나왔다. 나는 계속 말을 이었다.

"친구들이 취직했으니 한턱내라고 하면 취업 준비하는 데 너무 많은 돈을 써서 당분간 여유가 없으니 형편이 좀 풀리면 사겠다고 말하세요. 쓰고 싶은 것, 놀고 싶은 것 꾹 참고 1년만 지나면 그때부터는 월급하고 종잣돈을 함께 굴릴 수 있습니다. 입사 동기들은 월급 타서 부모님 용돈 드리고 먹고 즐기느라 이미 4천만 원을 다 써버렸지만 여러분의 월급은 이자까지 붙어서 2~3년 후에는 바로 꿈에 그리던 억대 부자가 될 겁니다."

이쯤에서 우레와 같은 박수가 터져 나왔다. 청년들은 3년만 노력하면 억대 부자가 될 수 있다는 말에 당장 꿈이 이루어지기라도 한 것처럼 함성을 질렀다. 한창 젊은 나이에 돈 한 푼 쓰지 말고 모두 저축하라는 말이 가혹하게 들릴 수도 있을 텐데, 초롱초롱 빛나는 수백 개의 눈망울은 장래에 대한 희망으로 가득 차 있었다.

여기까지 말한 뒤 청년들에게 물었다.

"여러분, 할 수 있겠습니까?"

"네! 할 수 있습니다!"

강당이 떠나갈 정도로 우렁찬 함성이 들려오는 순간 내 가슴이 벅차올랐다.

부모님에게 받은 얼마의 돈은 자신이 땀 흘려 번 돈이 아니기 때문에 금방 효용 가치를 잃어버리기 쉽다. 스스로 종잣돈을 마련하다 보면 자연히 돈의 소중함과 저축의 묘미를 깨닫게 된다. 그리고 돈의 소중함과 가치를 아는 사람만이 돈을 관리할 줄도 안다.

돈의 소중함을 모르는 사람의 1억 원과 그것을 아는 사람의 1억 원은 같은 금액이라도 가치가 완전히 다르다. 이렇게 젊은 나이에 스스로 종잣돈을 모아두면 결혼과 자녀 교육, 멀게는 노후 대책에 이르기까지 스스로 인생의 계획을 정확히 세울 수 있다.

내가 젊은이들에게 자신 있게 말할 수 있었던 건 일찍이 재테크에 눈을 떴기 때문이다. 이 일을 시작하기 전까지 나의 관심사는 오직 재테크였다. 남편의 월급과 보너스를 관리하며 1년 단위로 재테크 계획을 세웠다.

그러던 어느 날 우연찮게 아버님 손에 이끌려 간 곳이 증권회사였다. 아버님은 은행과 같은 곳이라 여기고 목돈을 맡기셨던 모양인데 주가가 계속 떨어져 이익금을 받지 못하는 상황이 되었다. 그러나 담당자를 만나보니 곧 장이 좋아져서 이익이 생길 것이라고 했다.

난생처음 주식을 알게 된 나는 한동안 유가증권의 흐름을 깨우치는 데 시간을 투자했다. 경제의 여러 구조가 바퀴처럼 맞물려 돌아간다는 사실도 이때 알았다.

한 걸음 차이가 성공과 실패를 가른다

어떻게 하면 성공할 수 있느냐고 묻는 사람들에게 이런 말을 해주고 싶다.

"성공은 생각보다 훨씬 가까운 곳에 있다. 다만 대부분 그것을 모르고 있을 뿐이다."

어느 뜨거운 여름 광부들이 금맥을 찾고자 쉬지 않고 땅을 팠다. 몸은 지치고 땀은 비 오듯 쏟아지는데 아무리 땅을 파도 금맥이 보이지 않자 광부들은 마침내 포기하고 말았다.

며칠이 지난 후 그 부근에서 한 남자가 비지땀을 흘리며 땅을 파고 있었다. 날씨는 여전히 찌는 듯 무더웠지만 남자는 잠시도 쉬지 않고 곡괭이질을 했다. 그렇게 몇 시간이 지난 뒤 둔탁한 소리와 함께 남자의 곡괭이질이 멈추고 아무도 없는 광산에 환호성이 울려 퍼졌다.

"금이다!"

마침내 그는 모든 사람들이 애타게 찾던 금맥을 발견한 것이다. 그가 서 있던 곳은 광부들이 포기하고 떠난 광산에서 불과 몇 걸음밖에 떨어지지 않은 곳이었다.

입사 초기 수많은 시행착오를 겪던 시절 나는 두부 장수 이야기를 떠올렸다.

예전에는 새벽마다 두부 장수가 골목길을 돌아다니며 두부를 팔았다. 주부들은 딸랑딸랑 울리는 방울 소리를 듣고 잠에서 깨어났다. 그런데 막상 대문 밖으로 나가 보면 두부 장수는 온데간데없다. 그 시각 두부 장수는 장사가 안 된다고 투덜거리며 골목길을 빠져나간다. 그러나 주부들의 아침상에는 어김없이 두부가 올라와 있다.

"오늘 장사도 그럭저럭 괜찮군"이라며 만족스러운 미소를 띠며 빈 수레를 끌고 가는 사람은 두 번째로 나타난 두부 장수다. 성미 급한 첫 번째 두부 장수는 막 잠자리에서 일어난 주부들이 옷매무시를 가다듬는 시간을 미처 계산에 넣지 못하고 자신의 기회를 두 번째 두부 장수에게 넘겨주고 만 것이다.

눈에 보이는 것만 전부인 줄 아는 사람에게는 한 걸음만 더 가면 보이는 성공도 남의 떡에 불과하다.

성공을 쟁취하는 사람과 성공을 꿈꾸기만 하는 사람의 차이는 위기를 딛고 한 걸음 더 나아가는 사람과 거기서 포기하고 멈추는 사람의 차이다. 상황이 어렵다고 앞으로 나아가기를 두려워하면 정작 기회가 왔을 때 무엇을 해야 할지 몰라 눈앞의 성공을 놓칠 수 있다.

누구나 불안한 시기가 있게 마련이다. 도전하는 사람에게 시련은 인생의 사춘기처럼 반드시 거쳐야 할 자연스러운 통과의례다. 사람은 사춘기를 거치면서 비로소 진정한 성인이 된다. 시련은 힘들고 혼란스럽지만 반드시 거쳐야 하는 과정인 만큼 스스로 극복해야 한다.

큰일을 하면서 아무런 장애물도 없다면 그것이 오히려 위험 신호다. 다 이루었다고 안도하는 순간 뜻밖의 어려움이 닥치면 극복하기가 더욱 어려워질 수 있다.

힘들어도 한 걸음 더 나아가라. 할 수 있다고 생각하면 할 수 없는 일이란 없다.

기회의 신
카이로스

"한여름 정오의 시간, 누군가 지켜보는 것도 아니고, 꼭 이 일을 해야만 생활을 할 수 있는 것도 아닌 상황에서 나처럼 이렇게 현장에서 땀 흘리고 있는 사람은 많지 않을 것이다."

입사 첫해 여름, 어디에 있는지도 모르는 고객을 찾아 거리를 헤매다 문득 이런 생각이 들었다. 몇십 년 만에 찾아온 살인적인 무더위에 가만히 숨만 쉬고 있어도 땀이 줄줄 흘러내렸다.

더위를 조금이라도 피하려고 양산을 쓴 채 언덕길을 수도 없이 오르내리면서도 내 선택이 잘못되었다는 생각은 추호도 들지 않았다. 오히려 봐주는 사람도 없는데 꾀부리지 않고 한 걸음 한 걸음 나의 길을 가고 있는 자신이 대견스러웠다.

어떤 일이 있고 나서 몇 달 혹은 몇 년이 지난 뒤에 사람들은 말한다.

"그때 그것이 성공할 수 있는 좋은 기회였는데……."

성공하지 못한 이유는 저마다 다르다.

'그때 내가 ○○을 하지 않았다면……' 혹은 '그때 내가 ○○을 했다면……'이라고 탄식하는 사람들의 공통된 특징은 지난 뒤에 비로소 깨닫는 것이다. 기회는 눈 깜짝할 사이 스쳐 간다. 지나고 나면 눈으로 보고도 잡을 수 없는 게 기회다.

이탈리아 북부 도시 토리노의 박물관에는 카이로스의 석상이 있다. 그리스 신화에 나오는 카이로스는 제우스의 아들이자 기회의 신이다. 그런데 이 석상은 특이한 모습을 하고 있다. 앞머리는 길게 늘어뜨렸으나 뒤통수에는 머리카락이 하나도 없으며, 양쪽 어깨에 날개가 달려 있고 양쪽 발목에도 작은 날개가 하나씩 붙어 있다. 그리고 양손에는 각각 칼과 저울을 들고 있다.

왜 이런 모습일까?

카이로스의 석상에 그 이유가 적혀 있다.

"내 앞머리가 무성한 이유는 사람들이 나를 쉽게 붙잡을 수 있도록 하기 위함이고, 뒷머리가 없는 이유는 내가 지나가면 다시 붙잡지 못하도록 하기 위함이며, 어깨와 발뒤꿈치에 날개가 달려

있는 이유는 최대한 빨리 사라지기 위함이다. 내 이름은 카이로스,
바로 기회다!"

특강 시간에 이 얘기를 꺼낼 때마다 반드시 덧붙이는 말이
있다.

"어느 순간 기회가 왔다고 판단되면 기다렸다는 듯이 재빨
리 낚아채도록 하세요. 그렇지 않으면 기회는 쥐도 새도 모르게 도
망가 버리니까요."

카이로스의 모습처럼 기회는 미리 알기만 하면 바로 잡을
수 있지만 이미 지나간 뒤에는 붙잡기 어렵다. 뒤통수에 머리털도
없고 날개도 네 개나 달렸으니 오죽하겠는가. 올 때는 걸어서 오지
만 갈 때는 날아서 가는 게 기회다.

그렇다면 기회는 어떻게 잡아야 할까?

결론부터 말하면 준비된 사람만이 기회를 잡을 수 있다.

기회는 행운의 파랑새처럼 아무도 모르게 조용히 다가오므
로 늘 정신을 바짝 차려야 한다. 잠시 한눈파는 사이에 파랑새는
금세 날아가 버리고 만다. 세상의 모든 일이 그렇듯 기회는 결코
우리를 기다려주지 않는다.

기회는 준비된 자에게 행운을 가져다준다

"보험이라는 제도는 불확실한 미래에 대해 적은 돈으로 경제적인 대안을 마련하는 것입니다."

나는 우연히 듣게 된 보험회사 신입사원 교육에서 강사의 이 말을 듣고 보험이라는 신세계에 눈을 떴다.

돈을 얼마나 어떻게 모아야 우리 가족의 미래를 안전하게 지킬 수 있을까?

그전까지 여러 재테크를 전전하며 고민해온 문제에 대한 해답이 거기에 있었다. 그 순간 보험이야말로 인간이 만든 가장 훌륭한 제도라는 것을 깨닫지 못했다면 오늘의 나는 없었을 것이다.

흔히 인생에는 세 번의 기회가 찾아온다고 한다.

"내 인생의 첫 번째 기회는 결혼한 것이고, 두 번째는 보험일을 만난 것이다. 그럼 세 번째 기회는 뭘까?"

어느 날 갑자기 이런 의문이 들었다.

입사 후 처음으로 보험왕이 된 것도 일종의 기회였다. 그 한 번의 영광에 용기를 얻어 두 번째 보험왕에 도전했고, 세 번째, 네 번째도 그렇게 이루어졌다.

그렇다면 나에게만 특별히 열 번 넘게 기회가 주어진 것일까?

나는 전혀 그렇지 않다고 생각한다. 돌이켜보면 누구에게나 하루하루가 새로운 기회다. 지금의 내 성과 역시 매일 새로운 사람을 만나고 항상 새로운 설계를 했던 도전의 기회가 모여서 이루어진 것이다.

주변을 돌아보면 무언가를 위해 남들보다 먼저, 더 많이, 그리고 철저하게 준비한 사람은 그렇지 않은 사람보다 목표를 달성할 가능성이 훨씬 높다는 것을 알 수 있다. 비즈니스를 하든 시험 준비를 하든 마찬가지다. 어떤 사람이 기회를 포착할 가능성은 그것을 준비하고 대비하는 것에 상당 부분 비례한다.

세일즈맨은 고객이 필요로 할 때 존재 가치가 있다. 고객의 기억에서 잊혀지는 순간 기회는 영영 사라지는 것이다.

상대가 다가올 때까지 마냥 기다리는 사람에게는 결코 기회가 오지 않는다. 진정으로 필요한 존재가 되기 위해서는 꾸준히 상대의 마음을 두드려야 한다.

회사에 갓 들어갔을 때를 생각해보면 일부 FC들 중에 아침 회의를 마치고 마땅히 갈 곳이 없다는 이유로 찻집에 앉아 시간을 보내는 사람들이 있었다. 그러다 점심시간이 되면 함께 식사하고 오후에 개인적인 볼일을 보고 나면 하루가 금방 지나간다.

그럼 일은 언제 하는가?

결국 마감 시간에 쫓겨 허둥지둥 회사에 들어오거나 아는 사람을 찾아가 보험 가입을 권한다. 일을 즐기지 못하는 사람에게 직업은 부담스러운 노동이다.

동료들이 갈 곳 없어 방황할 때도 나는 늘 바빴다. 생각해보면 갈 곳이 없는 게 아니라 가기 싫은 이유가 있을 뿐이다.

나는 엄마 손이 가장 많이 필요한 시기에 아이들을 두고 일을 시작했기 때문에 처음부터 누구보다 시간을 아껴 썼다. 어쩌다 간혹 시간이 날 때면 서점에서 책을 보았고, 주말에는 중요한 전시회나 공연을 보며 기분 전환을 했다. 결과적으로 이런 노력들이 나에게는 기회를 잡기 위한 과정들이었다.

세일즈맨에게 현장은 전쟁터와 같다. 여러 계층의 고객을 상대하려면 늘 새롭고 다양한 교양과 지식, 전문가적인 식견으로 자신을 무장할 필요가 있다. 특히 자신이 하는 일에 대해서는 누구보다 많이, 정확하게 알고 있어야 한다. 예컨대 금융 세일즈를 하는 사람은 돈의 흐름과 더불어 사회 전반에 대한 통찰력을 가져야 한다.

기회는 결국 포착하려는 자, 온몸을 던져서 그것을 획득하려는 자의 몫이다. 높은 산을 정복하려면 운동을 열심히 해서 체력을 기르고 꾸준히 등반 연습을 해야 하듯이 정상으로 올라가는 한 걸음 한 걸음에 우연이란 있을 수 없다.

"그때 좀더 열심히 할걸……."

지나간 것을 두고 후회해봐야 소용없다.

잡으려고 노력하는 사람에게 기회는 몇 번이든 찾아오게 마련이다. 목표가 뚜렷할수록 기회를 보는 눈도 밝아진다. 단언컨대 인생에 기회는 세 번 찾아온다는 말은 진실이 아니다. 기회는 매 순간 우리 곁으로 오고 있으며, 또한 지나간다.

결론부터 그려라

"그래서 결론이 뭔데?"

쓸데없이 서론이 길어질 때면 으레 튀어나오는 말이다. 직장에서 보고서나 제안서를 쓸 때도 결론부터 제시해야 상사가 빨리 이해할 수 있다.

예를 들어 보고서는 상사에게 자신이 어떤 일을 진척시키는 데 어떤 문제가 있었고 그것을 극복하기 위해 얼마나 많은 노력을 기울였는지 등등 일의 과정을 시시콜콜 설명하기 위한 것이 아니다.

"그래서, 뭐가 어떻게 됐다는 건데?"

정성껏 준비한 장문의 보고서를 읽다 말고 상사가 이렇게 물으면 당신의 보고서에 문제가 있는 것이다. 일의 결과가 좋지 않을 경우를 대비해서 미리 빠져나갈 장치를 마련해두려는 목적이 아니라면 결론부터 제시한 다음 상세한 설명을 덧붙이는 것이 좋다.

제안서도 마찬가지다. 상대가 원하는 것은 이 제안의 결과가 자신에게 어떤 가치를 가져다주느냐 하는 점이다. 결론을 상상하면서 들어야 집중하기 쉬운 법이다.

목표를 향해 나아가는 데 사설은 필요 없다. 이건 이래서 곤란하다, 저건 저래서 문제가 있다는 식으로 토를 달기 시작하면 어느 순간 계획에서 멀어져 있다.

도전하는 사람에게 필요한 결론은 성공이다. 처음부터 안 되는 이유를 염두에 두고 시작하면 위기가 닥쳤을 때 극복할 방법이 없다.

외국의 어느 서커스단에 화재가 발생해 코끼리들이 죽음을 당했다. 코끼리는 덩치가 커서 쇠사슬 정도는 얼마든지 끊을 수 있었는데도 참변을 당했다. 코끼리 스스로 쇠사슬을 끊을 생각을 하지 못했기 때문이다.

서커스단 조련사들은 어린 코끼리를 쇠사슬로 묶어놓고 훈련한다. 어린 코끼리는 쇠사슬에서 벗어나려고 몸부림을 치지만 아직 그럴 만한 힘이 없다. 이때의 경험이 뇌리에 남은 코끼리는 성장해서도 자신이 쇠사슬을 끊지 못한다고 믿게 된다.

무언가를 시도하면서 결론부터 그려보는 사람은 실행 과정에 문제가 생겨도 쉽게 포기하지 않는다. 사람들이 어떤 일에 실패하는 이유는 외부적인 것보다 내부적인 문제를 극복하지 못한 경우가 대부분이다.

결과에 대한 믿음이 확실하지 않으면 현실을 똑바로 볼 수 없다. 이런 경우 문제가 생겼을 때 그것을 해결하기보다 스스로 변명하기 바쁘다.

"어쩐지 예감이 안 좋았어."

문제를 초래한 것은 자신인데도 실패를 당연한 것처럼 받아들인다. 노력이 부족했거나 끈기가 부족했거나 일이 잘못된 원인은 분명 내부에 있다.

사람들은 자신에 대해 좀처럼 알려고 하지 않는 경향이 있다. 다른 사람에게 문제가 생기면 집요하게 파고드는 사람들도 자신의 문제 앞에서는 방어벽부터 세운다.

어떤 중간 관리자는 자신이 이끄는 팀이 실수하자 팀원들에게 이렇게 말했다.

"그러기에 내가 언젠가는 이런 문제가 생길 거라고 했잖아."

제법 통찰력이 있는 것처럼 말하지만 그가 상상한 결론이 어떤 것인지 궁금하다.

문제가 있다고 큰소리치면서 아는 척만 할 뿐 해결책을 제시하지 않으면 상황이 나빠지도록 방치했거나 처음부터 자신의 판단에 확신이 없었던 것이다. 이런 사람이 성공적인 직장생활을 할 수 있을까?

도전의 밑그림을 설계하는 일은 현재 자신의 위치와 미래, 상상을 실행에 옮기는 데 필요한 모든 준비 과정을 알아내는 데 매우 효과적인 방법이다.

일본의 프로 야구 홈런왕 왕정치가 타석에 들어서기 전 한 기자가 이렇게 물었다.

"지금 무슨 생각을 하고 있습니까?"

왕정치는 이렇게 대답했다.

"홈런을 날려 관객의 우레와 같은 박수 속에서 달리는 내 모습을 상상하고 있지요."

당신이 도전하고자 하는 최종 모습은 어떤 것인가?

꿈을 그리는 일부터 시작하라

피에르 가르뎅이 세계적인 패션 디자이너의 꿈을 꾸게 된 것은 거리에서 우연히 만난 한 귀부인의 말 때문이었다.

"당신 옷이 참 멋지네요. 어디서 샀어요?"

“제가 직접 만든 겁니다.”

“당신이 만든 거라고요? 그 정도 솜씨라면 의상실을 차려도 되겠어요.”

옷을 살 돈이 없어 직접 만들어 입어야 했던 피에르 가르뎅은 귀부인의 말을 듣고 머릿속으로 행복한 상상의 나래를 펼쳤다. 자신이 만든 옷을 입고 좋아하는 사람들의 모습을 그려본 것이다.

이때까지 그는 적십자사의 경리직원으로 일하고 있었다. 지금 받는 월급으로는 가족들을 부양하기 어려운데, 의상실을 열어 단골손님이 많아지면 돈도 많이 벌 수 있을 거라고 생각했다.

다음 해 그는 파리 시내에 자신의 이름을 내건 의상실을 열었다. 머릿속에 그렸던 꿈을 처음으로 실행에 옮긴 것이다.

“영화 의상 디자인을 해볼 생각 없나요?”

의상실 문을 연 첫해에 한 고객이 뜻밖의 제안을 했다. 그 고객은 다름 아닌 〈미녀와 야수〉의 의상 담당자였다. 영화가 성공한 뒤 사람들은 또 이렇게 말했다.

“사람들이 이렇게 당신 옷을 좋아하는 걸 보니 패션쇼를 열어도 되겠어요.”

피에르 가르뎅은 또 하나의 새로운 꿈을 그렸다. 파리 시내의 일개 의상실 주인이 아니라 세계적인 디자이너가 된 자신의 모습을 그려보았다.

머릿속으로 그린 자신의 꿈을 하나씩 실행에 옮기면서 피에르 가르뎅은 전 세계 사람들에게 패션의 상징으로 기억되었다.

"어떤 일에 도전하고 싶은데 어디서부터 어떻게 시작해야 할지 모르겠어요. 어떻게 해야 할까요?"

한국장학재단 멘토링 행사 때 회의석상에서 학생들에게 자주 듣는 질문이다.

내가 생각하는 성공의 기술은 먼저 꿈을 그리는 것이다. 꿈을 너무 요란하고 거창하게 생각하면 안 된다. 나는 가볍게 차 한 잔 마시듯이 자신의 꿈과 마주하라고 말한다.

도전하고 싶은 일이 생기면 그 일을 해냈을 때의 자기 모습이 머릿속에 떠오를 것이다. 교수가 되고 싶다면 강단에서 학생들을 가르치는 자신의 모습이 떠오를 것이고, 영화감독에 도전하고 싶으면 촬영장에 있는 자신의 모습을 그려볼 수 있을 것이다.

'내가 ○○하면 이런 일이 생기겠지?'

머릿속에 떠오른 그림은 앞으로 당신이 실현해야 할 꿈이다. 꿈을 설계한 다음에는 구체적으로 하나씩 실행에 옮길 차례다. 교수가 되려면 학위를 따야 하고, 영화감독이 되려면 또 그에 맞는 준비가 필요하다.

목표를 하나씩 실행할 때마다 '할 수 있다'고, '충분히 가능한 일이다'라고 끊임없이 자신을 부추겨야 한다. 과연 이것이 가능한 일인지 의심하지 말고 두려움 없이 접근해야 목표에 대한 강박증으로부터 벗어날 수 있다. 그렇게 한 가지씩 성공해나가다 보면 결국 모든 꿈을 이룰 수 있다.

인생 3막을 준비하라

일본의 시니어르네상스 클럽이 조사한 바에 따르면, 수명이 80세라고 했을 때 60세에 정년퇴직하고 남은 자유 시간이 7만 시간이라고 하며, 이를 '7만 시간의 공포'라 부른다.

그러나 인생 3막을 제대로 준비한 사람에게 7만 시간은 공포가 아니라 힘들게 달려온 길에서 비로소 맛보는 온전한 자유의 시간이 될 수 있다.

"공직에서 은퇴한 사람들이 가장 조심해야 될 것이 사기당하지 않는 겁니다. 난 걱정 없어요. 초등학교 교장으로 퇴직한 친구랑 같이 제일 안전한 곳에 맡겨뒀거든요. 우리 같은 사람들 퇴직금 노리는 사람들이 어찌나 많은지 말이에요."

1년 전쯤 공무원으로 정년퇴직한 분이 대뜸 이런 말을 꺼냈다. 그는 이미 퇴직하기 전부터 나름대로 퇴직금 관리나 재테크 요령 등에 관해 생각해두었다며 자신만만하게 말했다.

그러나 몇 달 후 들려온 소식은 퇴직금 관리에 그렇게 많은 노하우를 갖고 있다던 그분이 친구와 함께 퇴직금을 모두 날리고 몸져누웠다는 것이다.

사연을 들어보니 IT 관련 특허 상품 개발에 투자했다가 개발자라는 사람이 구속되면서 일이 잘못된 모양이었다. 특허 증명까지 확인하면서 깐깐하게 알아본 두 사람도 최소 투자금의 10배 이상을 손에 쥘 수 있다는 말에 무장해제되고 만 것이다.

현재 우리나라의 기대 수명도 백 세를 향하고 있다. 수명이 길어진 만큼 자신의 삶을 바라보는 관점도 바뀌어야 한다. 은퇴 후 30년이라는 시간을 어떻게 보낼지 미리 계획을 세워야 하는 시점에 온 것이다.

어찌 보면 인생은 단막극이 아니라 3막이다.

지금 대한민국은 베이비부머 세대가 2막을 내리고 있다. 대부분 산업화 시기의 어려운 성장기를 보냈고 일가를 이룬 뒤에도 숨 가쁘게 살아온 세대다.

한눈팔지 않고 열심히 살아도 자녀를 양육하고 교육에 투자하느라 자신을 돌아볼 여유조차 없는 사람들이 대부분이다.

과연 그 치열한 2막은 무엇을 위한 삶이었는가?

아직도 많은 사람들이 2막에 모든 것을 쏟아붓고 있다. 3막을 준비하며 살아왔다고 답할 수 있는 사람은 그리 많지 않을 것이다. 한국인의 정서상 자식을 외면하면서 자신의 노후에 집중하기 힘들뿐더러 아직 젊으니 노후 준비는 천천히 해도 된다고 생각할 수도 있다.

새털같이 많은 날이라고 하지만 시간은 쏜살같이 흘러간다. 따라서 인생 3막에 대한 준비는 한 살이라도 젊을 때 하는 것이 좋다.

가족은 서로 사랑하고 마음으로 의지하는 정서적 유대관계를 돈독히 하는 것만으로 그 기능을 다하는 시대가 되었다. 즉 자식에게 의지할 수 있는 시대가 아니다.

결국 자신의 노후는 스스로 준비하는 수밖에 없다. 백 세 시대에 경제적인 준비가 갖춰지지 않은 노후만큼 큰 재앙은 없다.

30, 40대에 인생 3막을 준비해야 하는 이유가 여기에 있다.

여유로운 7만 시간을 위한 인생 설계

궁핍과 질병을 제외한다면 노년의 어려움은 고독뿐이다. 요즘은 의료기술의 발달로 웬만한 질병은 치료가 가능한 시대가 되었다.

"요즘은 사는 게 참 허망합니다. 목표 없는 삶이 이렇게 공허할 줄 몰랐어요."

60대 후반까지 기업을 운영하던 어느 회장의 탄식이다.

아들에게 회사를 넘기고 주로 골프로 소일한다는 그분은 일주일에 두세 번 부인과 함께 골프를 치면서도 도통 사는 재미를 못 느낀다는 것이다.

"젊었을 때 밤낮 모르고 뛰었으니 이렇게 쉬는 것도 괜찮을 것 같았는데……."

여유롭게 노후를 보내는 그분을 보고 부러워하는 사람들도 많지만 정작 본인은 목표 없는 삶이 주는 허허로움을 감당할 길이 없다는 것이다.

치열한 2막은 3막의 행복을 위한 준비 단계가 되어야 한다.

2막을 마치고도 족히 30년 동안 이어질 3막이 기다리고 있음을 잊지 말자. 2막까지만 열심히 일하고 3막은 그저 막연한 훗날의 일로만 여긴다면 성공적인 인생 설계라고 볼 수 없다.

현재 한국의 인구고령화 속도는 전 세계에서 가장 빠른 수준이다. 수명이 길어진 것은 축복이지만 이 시기를 미처 대비하지 못한 사람들에게 노년은 참을 수 없는 존재의 가벼움 그 자체가 될 수 있다.

유익한 황혼기를 보내려면 지금 무엇을 해야 할까?

먼저 은퇴 후에 어떤 삶을 살지 생각해야 한다. 노후의 여가 시간을 어떻게 활용할지 부부 중심으로 미리 설계한 다음 경제적인 대비책을 세운다.

예를 들어 어떤 현금흐름으로 자금을 관리하고 건강관리는 어떻게 할 것인지, 어떤 사회 활동을 선택할 것인지 프로그램을 가지고 있어야 한다.

생존 기간을 통틀어 건강하지 못한 상태로 살아가는 기간은 평균 10분의 1 정도 된다고 한다. 황혼기를 설계할 때는 이 점도 반드시 염두에 두어야 한다. 아울러 부부 중 한 사람은 홀로 그 기간을 맞이해야 한다는 사실도 잊어서는 안 된다.

특히 자신의 건강과 여건에 따라 달라질 수 있는 황혼 육아 등의 문제도 신중하게 고려해볼 필요가 있다. 대학만 졸업하면 자식 농사 끝이라고 생각하지만 현실은 그렇지 않다.

최근 핵가족 시대의 영향으로 질병 초기에 요양 입원이 많은 것도 한 번쯤 고려해볼 문제다. 아플수록 가족과 가까이 지내고 싶은 것이 인지상정이다. 이 경우 정든 집에서 더 오래 머물 수 있도록 병원 등의 접근성을 고려해 노년기의 의료 및 간병 계획을 세우는 것도 좋다.

이 모든 문제를 해결하기 위해서는 반드시 재무 설계가 우선되어야 한다. 언제까지 일할 것인지, 돈을 어떻게 모아서 어디에 쓸 것인지 구체적인 계획을 세워놓으면 얼마든지 행복한 노년을 보낼 수 있다.

9회말 2아웃부터 시작이다

나는 시즌이 한창인 주말이면 텔레비전 야구 중계에서 눈을 떼지 못할 만큼 프로야구 팬이다. 10년 전에는 삼성라이온즈 유니폼을 입고 피처 마운드에서 시구를 한 적도 있다.

어버이날 텔레비전을 켰다가 우연히 SK와 두산의 경기를 보게 되었다. 3회말 SK가 공격을 펼치는 순간이었는데 스코어는 11대 1로 무려 10점 차였다. 두산은 1회초에 타자 전원이 득점하는 기록을 세우면서 한꺼번에 9점을 얻었고 3회에 또 2점을 추가한 상태였다. 경기는 두산 쪽으로 완전히 기울어 있었다.

나는 SK가 초반부터 완전히 무너졌구나 생각하며 채널을 돌렸다. 두 팀의 전력으로 볼 때 그만큼의 점수 차는 극복하기 어렵겠다는 생각이 들었다. 다른 구장의 경기는 대부분 한두 점 차로 훨씬 더 박진감 있게 진행되고 있었다.

한 시간쯤 지났을까? 두산의 일방적 승리가 예상되던 경기는 그 순간 뜨겁게 전개되고 있었다. 4회까지 11대1이던 스코어가 8회말 12대7, 5점 차로 줄어 있었다. SK는 1사 만루 상태에서 2루타를 쳐서 점수 차는 다시 2점으로 줄어들었고, 연이은 안타로 1점 차로 따라붙었다. 그리고 9회말 솔로 홈런으로 동점을 만든 SK는 끝내기 안타로 대역전 드라마를 이루었다.

이것은 우리나라 프로야구 역사상 가장 큰 점수 차를 극복하고 역전한 기록이다.

경기장은 함성과 흥분의 도가니였다. 선수와 관중 모두 자리를 뜨지 못했다. 나도 한동안 텔레비전 앞을 떠나지 못했다.

SK 이만수 감독은 "오늘 같은 게임이 분명히 나온다는 것을 항상 믿었다"면서 "Never ever give up!(절대로 포기하지 마라!)"이라고 외쳤다.

이기는 게임만 생각하라

'10점 차를 어떻게 따라잡는단 말이야?', '오늘 경기는 대충 이렇게 끝나겠지', '오늘 게임은 내주고 내일 경기를 꼭 잡아야지' 하는 식으로 선수나 감독, 코칭스태프들이 초반의 점수 차를 극복할 마음을 먹지 않았다면 이러한 대역전극은 일어나지 않았을 것이다.

그러나 역전이 불가능할 것 같은 큰 점수 차로 지고 있는 상황에서도 모든 선수들은 이기는 게임을 생각하고 있었다. 한 점 한 점 따라잡다 보면 마지막에는 충분히 승산 있다고 생각했던 것이다.

우연히 보게 된 야구 경기에서 '불가능은 없다', '포기는 없다'는 말을 실감할 수 있었다. 9회말 2아웃인 상황에서도 결과는 알 수 없다.

결코 포기하지 않는 끈기와 열정만큼 강한 무기는 없다. 패배의 원인은 불리한 조건도 아니고 운이 없어서도 아니다. 게임이 끝나기도 전에 포기하는 것이다.

내가 해마다 전년도 실적을 연속해서 뛰어넘으면서 일곱 번째 그랜드챔피언에 오르자 언론에서는 '기록 제조기'라는 별명을 붙여주었다.

그 무렵 한 인터뷰에서 매번 이렇게 큰 상을 받는 비결이 무엇이냐고 묻는 말에 이렇게 대답한 적이 있다.

"어느 순간 실패에 대한 두려움이 사라지면서 스스로 자유로워졌고, 그때부터 무엇이든 해낼 수 있었습니다."

내게 있어 실패에 대한 두려움이란 거절에 대한 두려움이었다. 앞에서도 언급했지만 고객은 나를 거절하는 게 아니라 아직 내 설명이나 상품을 이해하지 못한 것일 뿐이라는 깨달음을 얻은 순간부터 나는 더 적극적으로 그들에게 다가갈 수 있었다.

두려움이 없으면 포기도 없다. 포기하지 않는 이상 가능성은 살아 있다. 승리의 씨앗은 결코 두려워하지 않고 포기하지 않는 마음이다.

긍정은 확대하고
부정은 없애라

태평양 어느 섬에 두 남자가 나타났다. 영국과 미국의 구두 회사에서 파견된 세일즈맨들이었다.

그들의 임무는 이 섬에 신발 공장을 세웠을 때 승산이 있을지 알아보는 것이었다.

얼마 후 세일즈맨들은 각각 본사에 연락을 했다.

"사업성이 전혀 없습니다. 이 섬에는 신발을 신고 다니는 사람이 한 명도 없습니다. 내일 첫 비행기로 돌아가겠습니다."

영국 회사의 세일즈맨에 이어 미국 회사의 세일즈맨도 본사에 연락을 취했다.

"백 퍼센트 승산이 있습니다. 이 섬에는 신발을 신고 다니는 사람이 한 명도 없습니다. 이는 곧 판매 잠재력이 무궁무진하다는 뜻입니다. 좀더 조사할 게 있으니 출장을 연기해주십시오."

미국 회사의 세일즈맨은 섬사람들이 신발을 신지 않는 이유를 알면 시장 개척의 여지는 충분하다고 보았다.

장기간 섬에 머물면서 조사한 결과 신발을 신지 않는 가장 큰 이유는 오랫동안 맨발로 생활해왔기 때문에 필요성을 못 느낀다는 것과 신발 값이 비싸다는 것이었다.

"필요는 만들어지는 것입니다! 공급이 수요를 낳을 수도 있는 것이지요."

세일즈맨은 섬에서 신발의 편리함과 중요성을 적극 홍보하는 한편 그들의 생활수준에 알맞은 가격대의 신발을 생산하도록 본사를 설득했다.

얼마 후 미국 회사는 이 섬에 공장을 세웠고 무에서 유를 창조한 세일즈맨은 마케팅 업계의 신화가 되었다.

어쩌면 입사 초기 보험업계를 바라보는 내 마음이 미국 구두회사의 세일즈맨과 같은 심정이었을지 모른다. 그 당시는 보험에 대한 이해도가 낮은 편이라 대부분 상황을 어렵게 보던 때였다.

하지만 내 생각은 달랐다. 사람들이 보험에 대해 잘 알지 못한다는 점이 오히려 내게는 무한한 가능성으로 다가왔다. 다른 사람들 눈에는 볼모지로 보이는 곳이 내게는 얼마든지 개척의 여지가 충분한 신세계로 보였던 것이다.

긍정의 눈으로 세상을 바라보면 불가능이란 없다. 나는 그때 앞으로 10년 후를 바라보며 뛰었고 결과적으로 그 판단은 옳았다.

모든 일은 믿는 만큼 이루어진다고 했던가.

긍정적인 시선으로 바라보면 일의 과정이나 경과가 판이하게 달라질 수밖에 없다.

미국의 심리학자 엘머 게이츠 박사는 사람이 호흡할 때 내뿜는 입김을 이용해 몇 가지 실험을 했다.

우선 사람의 입김을 차가운 유리관에 모아놓고 액체 공기로 만들었더니 침전물이 생겼다. 그런데 이 침전물은 사람의 감정 상태에 따라 색깔이 달랐다.

예를 들어 평온한 감정의 입김은 무색, 화를 낼 때의 입김은 갈색, 슬퍼할 때의 입김은 회색, 괴로워할 때의 입김은 진한 와인색을 띠었다.

게이츠 박사는 화를 낼 때의 입김인 갈색 침전물로 쥐 실험을 해본 결과 인간이 한 시간 정도 계속 화를 낼 경우 무려 80명을 죽일 수 있는 무서운 독을 내뿜지만 평온한 상태에서는 무독성의 건강한 피가 흐른다는 연구 결과를 발표했다.

부정적인 감정이 얼마나 치명적인 결과를 불러오는지 알 수 있는 실험이었다.

부정적 사고는 0.1퍼센트도 허용하지 마라

유대인이 자녀를 교육할 때 가장 강조하는 것이 긍정적인 사고방식이라고 한다. 그들이 주로 인용하는 것은 다윗과 골리앗의 이야기다.

다윗은 자기보다 몸집이 몇 배 더 큰 거인 골리앗을 상대로 싸워 이겼다. 다윗이 골리앗을 물리칠 수 있다는 확신을 갖게 된 이유는 단 하나였다. 남들은 모두 부정적으로 생각한 부분에서 다윗은 긍정적인 실마리를 얻은 것이다.

"골리앗은 너무 커서 나의 돌팔매를 미처 피하지 못할 거야. 그럼 내가 급소를 명중할 만큼 실력을 키우면 돼!"

다윗은 긍정적인 생각으로 불리한 입장에 놓인 자신의 위치를 유리하게 바꿔놓았다. 그리고 단 한 번의 돌팔매로 세상이 두려워하는 거인을 무너뜨렸다.

마력의 원천은 0.1퍼센트의 아주 작은 희망이었다. 그러나 사람들은 긍정보다 부정을 더 크게 받아들이는 습관이 있다.

정신과 의사이자 심리학자로 유명한 로버트 프로스트는 "사람이 일 때문에 죽는 것보다 스트레스로 죽는 경우가 더 많다"고 했다.

일이 뜻대로 되지 않을 때 긍정적인 마음을 갖기란 쉽지 않다. 힘든 상황에서는 평온한 마음을 갖기 어려운 게 사실이다. 그러나 이런 때일수록 스스로 마음을 다독여 스트레스를 덜 받도록 노력해야 한다.

일을 앞두고 부정적인 감정은 0.1퍼센트도 허용해서는 안 된다.

긍정은 크게 보고, 부정은 없애라. 가능성이 없어 보여도 스스로 부정을 긍정으로 전환할 때 성공의 터닝포인트가 생긴다.

소박한 꿈이
신화를 만든다

성공은 자기와 거리가 먼 남의 얘기로만 생각하는 사람들이 있다. 이유를 들어보면 원래 가진 것이 없다거나, 학벌이 달려서, 또는 나이가 많아서라는 것이다.

그러나 환경이나 조건은 결코 성공의 장애가 될 수 없다. 무일푼이나 다름없는 상태에서 아이디어 하나만으로 성공한 사람들의 사례는 얼마든지 찾아볼 수 있다.

평소 사업이라고는 생각해본 적도 없는 평범한 주부의 일상에 엄청난 변화를 몰고 온 것은 지극히 작고 소박한 바람이었다.

'슬리퍼도 사야 하고, 식탁보도 새로 갈아야 하는데……'

뉴욕의 허름한 아파트, 갓 결혼한 새댁이 집 안을 돌아다니며 골똘한 생각에 잠겼다.

임신 중인 그녀는 며칠째 몸살을 앓고 있었다. 하필이면 외출하기 힘든 때 생필품이 떨어진 것이다.

그러다 문득 부엌 식탁에 놓인 상품 홍보용 카탈로그를 발견했다. 상품 목록 중에 아기가 태어나면 사야 될 물건들이 맨 먼저 눈에 들어왔다.

카탈로그를 유심히 들여다보던 그녀의 뇌리에 번득 스치는 생각이 있었다.

"집에서 일하면서 분유 값이라도 벌면 좋을 텐데……."

곧 태어날 아기에게 필요한 생활용품만 해도 한두 가지가 아니었다. 아기만은 부족함 없이 키우기 위해 그녀는 집에서 틈틈이 일을 해서라도 돈을 벌고 싶었다.

그러나 당장 쓸 수 있는 종잣돈은 남편이 생활비로 준 돈을 아껴 모은 495달러가 전부였다. 그녀는 가진 돈 범위 내에서 장사할 수 있는 방법을 연구하던 끝에 자신처럼 자유롭게 외출하기 힘들거나 시간에 쫓기는 사람들을 대상으로 한 통신 판매에 주목했다.

며칠 발품을 팔아가며 시장조사를 해본 뒤 그녀는 가죽 지갑과 벨트 세트를 7달러에 판매한다는 광고를 잡지에 내고 자신의 부엌을 사무실 삼아 일을 시작했다.

일상에 성공 키워드가 숨어 있다

사람은 역경을 통해 세상을 살아가는 지혜와 노하우를 터득하게 되는 법이다. 궁핍한 생활은 그녀에게 행운의 다른 이름이었다. 자신의 힘으로 아이에게 필요한 것들을 준비하고 싶은 마음으로 시작한 일에서 큰 희망을 발견한 것이다.

단 한 번의 광고로 그녀는 1만 6천 달러어치를 팔았다. 이대로만 하면 아이가 태어난 후에도 사업을 유지할 수 있을 것 같았다.

자신감을 얻은 그녀는 본격적으로 사업에 뛰어들어 매월 3만 2천 달러의 매출을 올렸고, 3년 후에는 고정 고객이 10만 명을 훌쩍 넘었다. 그녀의 고객들은 대부분 여성들이었으며 그중 절반 이상이 직장인이었다.

그녀는 모든 상품의 선택 기준을 자신에게 맞췄다.

"나라면 이 상품을 사고 싶을까?"

"품질도 좋고 가격도 저렴한 것은 없을까?"

자신의 안목과 양심을 무기로 도전장을 내민 그녀는 마침내 자신의 회사를 연간 매출액 1억 달러를 넘어서는 주식회사로 성장

시켰다. 그녀의 이름은 릴리언 버넌, 현재 미국에서 손꼽히는 통신 판매사 '릴리언 버넌'의 창업자이자 최고경영자다.

평범한 가정주부에서 성공한 사업가로 변신하게 된 출발점은 바로 어머니로서의 소박한 꿈이었다.

나 역시 처음에는 단순히 우리 삶에 유익한 보험을 내 가족에게 쉽게 설명해주면 좋겠다는 소박한 마음으로 교육에 임했다. 그러나 삶의 어떤 불확실성도 보험 제도로 다 극복할 수 있겠다는 확신이 드는 순간 누군가는 반드시 이 일을 해야 한다는 생각으로 과감히 뛰어들었다.

처음부터 크고 거창한 것은 없다. 작은 것들이 쌓이고, 그것에 열정이 입혀지면 어느 순간 크고 위대한 것이 된다.

꿈을 가지고 바라볼 때 이 세상은 기회로 가득 차 있게 마련이다. 자신의 소박한 꿈을 들여다보라. 그것이 찬란한 미래의 시작이다.

남겨진 사람들을 위한 재테크, 유언장을 써라

조선시대 우리 선조들은 '분재기'를 써서 자녀들에게 재산을 상속하고 분배했다. 아버지가 자녀에게 나누어 줄 재산 목록을 자세히 정리한 문서인 분재기를 통해 사후에 있을지 모를 상속 분쟁을 미연에 방지하려고 했던 조상들의 지혜를 엿볼 수 있다.

조선시대 안동의 유학자 권순기가 57세인 1736년 7월 7일에 작성한 분재기에는 아버지의 엄한 경고가 포함되어 있다.

재산 분배로 문제를 일으키는 자녀는 "어버이를 효성스럽게 섬기지 못하고 어른을 공경하지 못한 벌로 내 사당에 절대로 들이지 말라"는 내용이다.

분재기의 전통이 사라진 오늘날 재산 분배를 둘러싼 자식 간의 상속 분쟁은 해마다 늘어나고 있다.

죽음을 상정하고 그것을 대비하는 것이 썩 내키지 않는 일일 수도 있지만 유언장은 여러 가지 의미가 있다. 자신이 죽은 뒤 재산을 명확하게 정리할 수 있는 것은 물론 재산을 둘러싼 자식들의 다툼을 사전에 방지할 수 있다.

인명은 재천이라 했다. 사고와 질병은 예고 없이 찾아온다. 지금 당장 자신이 세상을 떠난다면 남은 재산은 어떻게 처리되고 누구에게 상속되겠는가?

생각해보면 자신도 명확하게 알 수가 없다. 자신도 모르는 것을 자식들인들 어떻게 알겠는가?

유언은 건강한 상속 재테크다

늘 건강한 모습으로 회사를 반듯하게 운영하는 60대 후반의 지인이 부인과 새벽에 배드민턴을 치다가 갑자기 심장마비로 세상을 떠났다.

가족들의 정신적인 충격과 놀라움은 이만저만이 아니었다. 게다가 사업을 비교적 크게 하던 분이라 재산 처리 문제도 유족들에게는 적지 않은 부담이었다.

그중 가장 큰 문제는 부인과 자녀들이 아버지의 재산에 대해 아무것도 모른다는 것이었다. 아버지의 채권과 채무, 보장, 권리, 의무가 어디까지인지 알 수가 없었다.

멀쩡하던 회사는 하루아침에 부실 덩어리로 둔갑했고 그마저도 상속세 문제로 건질 것이 거의 없었다.

아들은 "선친께서 유언을 써두셨으면 말할 것도 없겠지만, 비망록이라도 정리해두셨으면 좋았을 텐데"라며 아쉬워했다.

사람들은 자식과 자신의 노후를 대비해 열심히 일하면서도 언젠가는 자신이 죽는다는 사실에 대해서는 제대로 인식하지 못하고 있다. 즉 자신이 죽은 뒤에 자식들이 겪게 될 일에 대해 생각하지 않는 것이다.

'얼마 되지도 않는 재산인데 나눠 주고 말고 할 것도 없다', '형제간에 우애가 좋은 편이니 알아서 잘하겠지'라는 안이한 생각으로 외면하는 경우도 많다.

재산을 많이 물려주지는 못하더라도 형제간의 우애만큼은 꼭 물려주고 싶은 것이 부모의 마음이다. 그러나 그런 소박한 마음이 되레 자식들의 반목과 갈등을 초래할 수도 있다.

일본에서는 갑작스럽게 불치병에 걸린 40대의 저널리스트가 죽음을 앞두고 자신의 인생을 정리하면서 쓴 《엔딩 노트》가 큰 화제를 불러모으며 10만 부 넘게 팔려나갔다.

이를 계기로 건강한 중년층 사이에 일종의 버킷 리스트처럼 엔딩 노트 쓰기 붐이 일었고, 자신의 장례 방법과 재산 분할 등을 기록으로 남기는 노인들도 많다고 한다.

엔딩 노트는 건강에 문제가 있거나 나이 든 사람들에게만 필요한 게 아니다. 경건하게 자신의 인생을 정리하는 시간을 가지다 보면 하루하루를 열심히 살아가고자 하는 마음이 더욱 강해질 것이다.

우리도 이제는 기분 좋게 유언장을 써야 한다. 자식을 진정으로 사랑하고 아낀다면 더더욱 유언장을 남기자. 그렇게 함으로써 남겨진 사람들의 짐을 덜어줌과 동시에 유산의 소중함을 깨우치게 할 수 있다. 일단 유언장을 작성하고 나서 생각이 바뀔 때마다 고치고, 법적인 효력을 발휘할 수 있는 요건도 조금씩 갖춰나가면 된다.

유언장을 쓰기 시작하는 순간부터 남은 삶을 어떻게 살아가야 할지 더 명확해지고, 어깨도 한층 가벼워질 것이다. 이런 측면에서 보면 '유언대용신탁' 등에 관심을 가져보는 것도 한 방법이다.

긴장의 각을 세워라

2003년 삼성은 축제 분위기였다. 이건희 회장이 "마누라와 자식 빼고 다 바꿔라"는 저 유명한 말과 함께 신경영을 선언한 지 10년 만에 삼성은 눈부신 성장을 이루었다.

기자들이 소감을 물었을 때 담담하게 대꾸하던 이건희 회장의 말이 나에게는 몹시 인상적이었다.

"10년 후에는 또 뭘 먹고 살지 생각하면 등골이 오싹합니다."

이런 게 바로 삼성 스타일이고 대한민국을 넘어 세계로 도약한 삼성의 힘이 아닐까 싶다.

현대는 무한경쟁의 시대다. 개인이든 조직이든 현실에 안주하는 순간 뒤처지게 된다.

나는 속된 말로 '찜찜한' 것을 못 견디는 성격이다. 특히 일할 때 조금이라도 찜찜한 것을 용납하지 못한다. 처음부터 다시 시작하는 한이 있어도 그것을 짚고 넘어가야 직성이 풀리는 것이다.

이것은 어떤 상황에서도 치밀하게 긴장의 각을 세우려는 내 나름의 노력이고 신념이다.

삶의 진리는 냉엄하다.

누구에게나 성공은 먼 훗날의 어떤 모습이 아니라 바로 오늘 자신이 서 있는 자리에서 싹을 틔우는 것이다.

오늘도 많은 사람들이 저마다 각자의 자리에서 열심히 살아가고 있다. 남보다 더 큰 비전을 가진 사람은 10년, 20년 후를 내다보고 도전할 준비가 되어 있어야 한다.

프로는 오로지 성과만으로 자신을 나타낼 수 있다. 다람쥐 쳇바퀴 돌 듯 열심히 뛰기만 해서는 진정한 프로가 될 수 없다. 그러므로 우리는 앞과 뒤를 모두 통찰할 수 있는 눈을 가져야 한다.

도전하는 사람에게 가장 큰 희열을 안겨주는 순간은 위기를 극복하고 성공했을 때다. 고난과 시련을 딛고 일어설 때 우리는 누구나 아름다운 반전의 주인공이 될 수 있다.

나는 이 책을 읽는 모든 독자들에게 충분히 그런 가능성이 있다고 믿는다.

이미 그 방법을 찾기 시작했기 때문이다.